Georgios Andritsos

Cocktails

111 recettes incontournables

LES ÉDITIONS DE
L'HOMME

Une compagnie de Quebecor Media

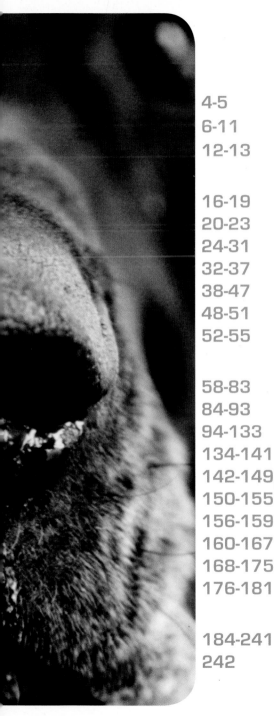

> J'aimais aller dans les endroits très gais,
> Ces lieux où tout peut arriver,
> Où on se laisse porter par les hasards de la vie,
> Où on vit au rythme du jazz et des cocktails...
> Billy Strayhorn, *Lush Life*

Le chocolat noir, les valses de Strauss, les tournesols de Van Gogh, les cocktails... autant de choses dont le monde pourrait tout à fait se passer. C'est pour cette raison que nous sommes heureux de saluer la sortie d'un livre comme celui-ci qui, pour notre plus grand plaisir, s'attache à célébrer le superflu...

Les cocktails nous entraînent dans le monde du luxe et du raffinement, dont on ne se coupe qu'à ses risques et périls... Ils représentent non pas le mauvais côté de l'argent, mais le summum de nos sensations : des expériences propres à dynamiter notre armée de neurones, qui racontent des histoires imaginaires, dessinent des images virtuelles et rappellent les parfums les plus enivrants. Qui nous renvoient – même si c'est de manière éphémère – à l'enchantement du monde des hommes.

Andy Evans

Introduction

C'est le soir, à mon sens, que la vraie vie commence. J'ai toujours préféré l'obscurité de la nuit à la lumière du jour: j'ai l'impression de me trouver à la frontière d'un univers riche de promesses, plein d'inattendu. Où que ce soit dans le monde, lorsque la nuit tombe, l'agitation de la journée laisse la place à la splendeur du soleil couchant, puis aux douces nuances du crépuscule et enfin aux lueurs de la nuit. Le rythme ralentit, les rues commencent à respirer et, sous les lumières artificielles, la réalité se transforme en un kaléidoscope de bonheurs et de plaisirs: cinémas, théâtres, restaurants, bars, night-clubs, cabarets, casinos... Les créatures de la nuit ont toutes un sourire mystérieux, un certain charme, une histoire à raconter, une destination inconnue. Elles prennent vie soudainement. Animées, curieuses de tout, elles oublient la logique de leur vie diurne pour se laisser emporter par leurs sentiments, reportant au lendemain leurs peurs ou leurs soucis.

J'ai longtemps rêvé de faire partie du monde des noctambules, sans toutefois pouvoir me le permettre. Ce n'est qu'après bien des années que j'ai franchi le pas, en décidant d'inverser mon horloge biologique et de me faire engager comme serveur dans une discothèque. Mon introduction dans ce monde a été rendue possible par un heureux concours de circonstances. La chance a voulu que le barman soit indisponible un samedi soir où j'étais de service et que mon patron décide que je devais le remplacer au pied levé. Pour la forme, je fis mine de m'opposer à sa détermination typiquement grecque, mais en vain. «Il n'y a rien qu'un homme ne puisse faire», tonna-t-il de sa voix rauque. «Saisis ta chance, mon petit, poursuivit-il avec un clin d'œil. Qui sait, il se pourrait que tu te prennes au jeu!»

Arraché à mon environnement naturel, projeté en terrain inconnu, j'étais comme un animal traqué. Mon cœur battait la chamade, mon esprit s'était figé, je transpirais à grosses gouttes, mes mains et mes pieds étaient agités de tremblements. Bref, j'étais dans un état second – celui-là même qui me permettrait de jouer, bien involontairement, le parfait barman d'opérette. Au lieu d'une vodka orange, je servis une mixture au gin; le client qui me demanda un whisky on the rocks se retrouva avec un bourbon. Je givrai le bord des verres à cocktail avec du sel à la place du sucre. Pour couronner le tout, une femme s'accouda au bar et commanda un Singapore Sling: ignorant que je devais mélanger les alcools avant de l'allonger de soda, je mis tous les ingrédients en même temps dans le shaker et le secouai tellement fort qu'il m'explosa littéralement entre les mains.

Dans ma chemise blanche désormais maculée, je n'espérais plus qu'une chose : que la terre se dérobe sous moi afin que je puisse disparaître à jamais. À la fin de la soirée, j'étais réduit à l'état de loque et je sentais la vieille chaussette. Quant à mon patron, un verre de bourbon à la main, il avait l'air plus heureux que jamais : «Tu t'en es bien tiré ce soir, mon garçon, dit-il d'une voix traînante. Je crois que, lorsque je t'aurai appris les ficelles du métier, tu t'en sortiras comme un chef!» Il me rejoignit derrière le comptoir : «Alors, qu'en penses-tu?» me dit-il en me tendant avec un sourire la paie de la semaine.

Après tout, je m'étais peut-être réellement bien débrouillé! La vérité, c'est que j'avais déjà envie de recommencer. Certes, le début de la soirée avait été franchement désastreux, mais j'avais compris que je possédais ce petit quelque chose qui fait que les gens se détendent et se laissent gagner par l'atmosphère de la nuit. Je leur souriais. Je flirtais. Je retenais les femmes au comptoir. De toute la nuit, pas un instant je ne m'étais départi d'un sentiment nouveau de confiance en moi. Et j'avais réussi! À partir de cette nuit-là, les choses n'ont fait que s'améliorer. J'ai appris à aimer ce métier. Ma nouvelle vocation me révélait que j'étais sociable, que je savais être charmeur... Elle était en outre passionnante et lucrative. Un sentiment de sécurité et de confort s'installa durablement. J'étais devenu un accro du *bartending*.

À l'été 1989, ma carrière prit un tournant. Après avoir travaillé deux ans dans ma ville natale de Thessalonique, je devins le barman fort bien

rémunéré d'un night-club de la station balnéaire de Haldiki, un paradis sur terre situé à une heure de l'agitation et de la pollution de la ville. Mon nouveau royaume était différent de tout ce que j'avais connu jusque-là: je régnais sur un gigantesque bar à ciel ouvert grouillant de vacanciers déshydratés qui passaient là l'essentiel de leur temps, sirotant des cocktails à longueur de journée. En les écoutant égrener des litanies de noms exotiques (Piña Colada, Mai Tai, Long Island Iced Tea, Tropical Dream…), je pris conscience de ma relative méconnaissance de la science des mélanges. C'est alors que je décidai de passer du stade de simple exécutant à celui de véritable artiste: j'allais m'imposer comme un maître ès cocktails, j'allais maîtriser la confection – et même la création – des boissons les plus variées, les plus sophistiquées et les plus originales.

J'ai travaillé sans relâche pour me perfectionner. Et certains de ceux que j'ai rencontrés à la glorieuse époque de mon apprentissage sont devenus des amis. Dois-je préciser que je me suis terriblement amusé? Je dois aussi avouer qu'il m'est arrivé plus d'une fois d'avoir envie de jeter l'éponge. «Pourquoi?» me demanderez-vous. Parce que le travail que représentent la gestion des stocks et la tenue d'un bar n'a rien d'une sinécure. C'est une tâche exigeante et, pour tout dire, ennuyeuse. Néanmoins j'ai tenu bon, maîtrisant mes erreurs et surmontant ma fatigue tout en rêvant à l'étape suivante de ma carrière. C'est ce qui m'a permis de durer dans le métier.

J'ai exercé dans le même bar pendant trois saisons estivales. L'hiver, je travaillais à mi-temps dans un établissement très chic de Thessalonique.

Puis le virus du voyage m'a pris. Ma valise sous le bras, j'ai quitté la Grèce pour partir à la conquête du monde avec mon frère – et toujours complice – Costas. C'était en 1992. Après une première halte à Tenerife, nous avons visité l'Angleterre, la Norvège, la France, la Thaïlande et l'Espagne. Costas s'est installé à Barcelone, où il tient deux bars, le *Sante Café* et le *Soul Club*, que je l'ai aidé à monter et dans lesquels j'ai investi. Moi j'ai préféré retourner en Norvège, où je vis et travaille toujours aujourd'hui.

Pendant toutes ces années, le métier de barman m'a accaparé sur tous les plans : physique, mental et spirituel. Il m'a apporté les sensations dont j'avais rêvé. J'ai exercé dans des établissements très variés, tantôt des bars chic où, sanglé dans une tenue très stricte, je travaillais avec le matériel le plus sophistiqué, côtoyant et servant l'élite, tantôt dans des night-clubs et des bars de plage beaucoup plus décontractés. J'aime à penser que ce mélange des genres m'a enrichi tout en m'apprenant la discipline, la persévérance, la tolérance et le courage. Des années plus tard, j'ai eu envie de partager mon expérience; je voulais qu'on me lise, qu'on parle de moi. J'ai décidé d'écrire un livre qui a vu le jour deux ans plus tard : celui que vous tenez entre les mains...

Je ne pouvais rêver de meilleur moment pour initier mes lecteurs au monde du *bartending*: celui où bars, restaurants et night-clubs s'accordent à redonner aux cocktails leurs lettres de noblesse. Qu'il est plaisant de reconnaître les cocktails à leur couleur, d'élaborer des compositions à partir des ingrédients les plus simples, de pouvoir décliner une liste de noms exotiques évoquant les quatre coins du monde, d'associer celui-ci ou celui-là à un héros ou une héroïne de film noir! Qu'il est intéressant de se plonger dans la culture du cocktail, de remonter le cours de l'histoire jusqu'aux premières grandes civilisations, ou plus simplement de mieux cerner le rôle de ce divin breuvage qui est la pièce maîtresse des délicieux instants.

Voici donc un ouvrage destiné aussi bien aux barmen, qu'ils soient amateurs ou professionnels, qu'aux habitués des salons et des comptoirs. Un chapitre spécial consacré à l'art du cocktail à la maison s'adresse plus particulièrement à ceux qui voudraient sortir le grand jeu à leurs invités pour une soirée hors du commun. Je souhaite vivement que mes lecteurs gardent toujours à l'esprit que la confection des cocktails est un art à part entière, soumis aux aléas de l'ambiance, du temps, du lieu, du talent et, surtout, de la précision plus ou moins développée de nos sens. Considérez ce livre comme un guide, un ami, une chance... Bienvenue, *wilkommen, welcome* dans le monde des cocktails !

Georgios Andritsos

Un barman se doit d'être le reflet impeccable de l'endroit où il travaille.

Bartender

On appelle *bartender*, barman ou barmaid (pour une femme) la personne qui sert des boissons, alcoolisées ou non, dans un bar, un pub, un night-club, un bar de plage ou tout établissement similaire. C'est, pour parler simplement, la personne qui « tient le bar », le tenancier. Qu'il s'agisse du maître des lieux ou d'un simple employé, il doit refléter l'ambiance du lieu ; il doit savoir aussi bien mener une conversation qu'écouter ses clients ; il doit savoir exprimer l'empathie comme la sympathie et parler des choses les plus variées. Ses problèmes personnels doivent être relégués au second plan ; il doit être positif, rester calme pendant les « coups de feu » et réagir au quart de tour pour faire face à toutes les situations. Le *bartender* doit s'efforcer d'être un modèle de perfection. Tiré à quatre épingles, s'exprimant parfaitement, il doit rester poli en toutes circonstances, apporter son aide quand c'est nécessaire, éviter ou apaiser les conflits. Il doit mémoriser les boissons préférées de ses clients, connaître parfaitement les diverses facettes de son travail pour pouvoir réaliser de mémoire une centaine de recettes, à la perfection chaque fois.

Un barman qui atteint un tel niveau de professionnalisme – et qui s'y maintient – mérite le respect ; il est passé maître dans l'art du *bartending*.

partie 1

Une petite
histoire
du cocktail

On doit à l'Amérique les gratte-ciel, Hollywood, le jazz, le rock'n'roll, Ernest Hemingway, Scott Fitzgerald, le Zippo, le hula-hoop et… les cocktails. En 1862, Jerry Thomas, légendaire barman de l'ancien *Occidental Hotel* de San Francisco, publie le premier ouvrage consacré aux cocktails. Vingt ans plus tard, c'est au tour de Harry Johnson de proposer son guide en la matière. Les gens prennent alors l'habitude de déguster des cocktails avant les repas, pour s'ouvrir l'appétit, mais aussi à l'occasion de réunions sportives, de pique-niques, et bien sûr dans les bars et les restaurants.

De façon paradoxale, c'est dans les années 1920, à l'époque de la Prohibition, que le cocktail connaît son heure de gloire aux États-Unis. La production, la commercialisation, le transport des alcools étant interdits par la loi, les gens – même «bien sous tous rapports» – s'adonnent à la fabrication et à la vente clandestines. Chicago devient la plaque tournante d'un gigantesque trafic d'alcool, du jeu et de la prostitution; le célèbre Al Capone, gangster et escroc notoire, s'y impose comme le plus grand contrebandier de tous les temps.

Dans ce contexte, privés de leurs boissons favorites, les buveurs expérimentent des mélanges nouveaux, à base d'alcools divers qu'ils associent à d'autres ingrédients pour en atténuer le goût et obtenir une mixture plus agréable à siroter. Au départ, il est interdit aux femmes de se faire servir au comptoir; on contourne donc la loi avec le service à la place. La jeune génération, assoiffée de liberté et d'indépendance, n'entend pas se laisser entraver dans sa quête des plaisirs. L'époque est à l'amusement, aux soirées déchaînées et alcoolisées, aux ambiances électriques. Les cocktails séduisent la haute société pendant les Années folles, jusqu'au krach boursier de 1929. Vers la fin des années 1930, ils continuent leur chemin dans le monde du cinéma, de la musique, de la littérature et de la politique. Ils survivent à la Grande dépression et perdurent jusqu'à la Seconde Guerre mondiale, qui les précipite dans l'oubli.

Ils y restent jusqu'au grand retour en 1948 des Margaritas, qui colonisent les plages fréquentées par la jet-set et remettent au goût du jour un art de vivre à la plage que les circonstances ont quelque peu fait oublier. En 1962, James Bond, l'impérissable héros de Ian Fleming, apparaît à l'écran au côté d'une sculpturale beauté, un martini à la main: il n'en faut pas davantage pour que la fameuse mixture devienne le symbole de l'action, de la séduction, de l'imprévu. Viennent ensuite la culture bohème, le mouvement Beat, les hippies avec leurs idéaux de paix, d'amour et d'harmonie. Leur trousse à pharmacie est garnie de produits contre lesquels les cocktails ne font pas le poids quand il s'agit d'explorer des mondes inconnus.

Mais, lorsque sonne l'heure de remiser cet attirail, les cocktails sont remis au goût du jour par la vogue des voyages. Ces derniers reflètent en effet la culture et l'histoire des différentes parties du monde et séduisent sans distinction les amateurs, toutes origines, couleurs et religions confondues. De New York à Tokyo, de Londres à Singapour en passant par Athènes et Milan, la vodka et le martini, le rhum et le cola se marient aussi bien. Ces mixtures, appréciées par des gens issus des horizons les plus divers, chassent la tristesse et le spleen. Elles ouvrent à un monde imaginaire fait de rêves, de désirs secrets, de liberté et d'amour. Les cocktails ont ceci de magique qu'ils transforment la réalité en ce qu'on voudrait qu'elle soit. Ils évoquent les terres lointaines, les luttes, les peurs, les vices et les vertus des peuples de régions reculées, et nous rappellent, en notre âme et conscience, le bonheur d'être en vie.

Deux cents ans ont passé, et je suis stupéfait de constater que nous ignorons toujours l'origine du cocktail. Les nombreuses études menées à ce sujet n'ont eu d'autre effet que de le rendre plus mystérieux à nos yeux. Ces études affirment que la première allusion au cocktail remonte à l'année 1806, dans un magazine appelé *The Balance*, qui l'évoque comme « une liqueur stimulante, composée de toutes sortes d'alcools, de sucre, d'eau et de soda ». Pour ma part, je lui préfère d'autres origines, moins probables, plus mythiques et bien plus séduisantes.

Certains affirment que le cocktail tiendrait son nom d'une belle et jeune Mexicaine prénommée Coctel, fille d'un général qui inventa une « boisson de la paix » servie dans une coupe en or décorée de fruits exotiques et de fleurs aux douces senteurs. D'autres soutiennent qu'une barmaid du nom de Betsy Flanagan élaborait de savoureux mélanges qu'elle servait à des joueurs du Mississippi dans des verres décorés de plumes de coq – d'où le nom de cocktail, *cock tail* signifiant en anglais « queue de coq ».

Quelle que soit la bonne version de l'histoire, il demeure que les cocktails ont inspiré une culture intemporelle et universelle. On ne compte plus les bars à cocktails qui ouvrent dans le monde, remettant constamment au goût du jour une mode qui semble appelée à durer.

S "
Boire est une manière
de terminer la journée.
Ernest Hemingway
"

Les verres

Il y a de cela quarante siècles, l'humanité a fait une découverte capitale : celle du verre, qui, sous des formes et dans des tailles diverses, est utilisé et manipulé quotidiennement par des milliards de personnes. Alors que d'aucuns le considèrent comme une matière froide et inerte, le verre a réussi le tour de force de s'imposer dans des univers aussi différents que la joaillerie, la décoration, le design et l'architecture. Pour ce qui est du cocktail, la forme du verre utilisé pour le présenter compte au moins autant que sa composition.

Martinis, Daiquiris, Caipirinhas et autres Mojitos se reconnaissent d'abord à leur contenant, à leur couleur et à leur garniture.

Vous trouverez dans le commerce une grande variété de verres, fragiles ou épais, discrets ou clinquants, qui donneront un style imparable à vos cocktails tout en mettant en valeur leurs arômes et leur esthétique. Rappelez-vous qu'un Martini classique ne se goûte bien que dans un grand verre à cocktail givré garni d'une olive verte.

Verre à cocktail classique

Si l'on considère la Rolls-Royce comme la reine des automobiles, on peut dire sans hésitation que le verre à cocktail est le roi des verres. Élancé et élégant, il est parfait pour le service des martinis, du Manhattan et du Cosmopolitan. Tenez-le par le pied, de manière qu'il reste frais le plus longtemps possible. N'oubliez pas de toujours en avoir quelques-uns en réserve au congélateur.

Tumbler, aussi appelé highball ou collins

Quoique moins élégant que le verre à cocktail, le tumbler, de forme droite ou arrondie, est plus pratique que la plupart des autres verres, en particulier pour le service des cocktails allongés ou à étages, des jus de fruits ou de l'eau.

Verre tulipe

En matière de verres, le verre tulipe représente l'artillerie lourde. Il compense sa grande taille par la légèreté de sa courbe et peut être utilisé pour servir des cocktails de fruits et des smoothies. Sa morphologie lui permet d'accueillir sans problème des garnitures relativement imposantes !

Verre à whisky

Également connu sous le nom de « old fashioned », ce verre est plus court et plus compact que le tumbler. On y sert des short drinks ou des alcools forts avec des glaçons, pour les amateurs de sensations fortes.

Verre à vin rouge

Un bon verre à vin rouge évoque une poire. Élancé et élégant, doté d'un long pied, il est légèrement rétréci au sommet. Il trône fièrement sur à peu près toutes les tables de restaurant du monde.

Verre à vin blanc

Légèrement moins haut que son homologue à vin rouge, le verre à vin blanc peut, dans l'urgence, servir de verre à champagne.

Verre à Margarita

Évoquant une coupe, le verre à Margarita est parfait pour les Daiquiris glacés, les Margaritas (bien entendu), mais aussi pour le service des glaces et des sorbets.

Flûte à champagne

Jusqu'à il y a une vingtaine d'années, on servait le champagne dans des coupes évasées. Puis la flûte a fait son apparition. Nommée d'après sa forme allongée, elle permet aux bulles du champagne de remonter à la surface en un flot continu – ce qui rend cette délicieuse boisson plus agréable à siroter et permet aux amateurs d'identifier immédiatement le contenu du verre.

Verre à cognac

Court sur pied, en forme de ballon, le verre à cognac est légèrement rétréci au sommet. Sa forme permet de le tenir parfaitement dans le creux de la main et de réchauffer ainsi l'alcool qu'il contient.

Verre à liqueur

C'est le plus petit de tous les verres, destiné au service en petites quantités de liqueurs plutôt épaisses et sucrées.

Shot

Ce petit diable, dans lequel on sert des shooters, a été conçu dans un but unique : vous faire rouler sous la table le plus vite possible. Ils accueillent la plupart des alcools forts.

Matériel et ingrédients du bar

Je suis sûr que beaucoup d'entre vous ont déjà rencontré des termes comme « frappez et passez », « mixez », « pilez », « givrez », « dressez », qui ont pu leur paraître étranges. Ce sont là des termes spécifiques à la préparation des cocktails: ils se réfèrent au matériel et aux ingrédients du bar, qui facilitent la confection et l'invention des cocktails au point d'en faire une activité agréable et divertissante. Veillez toujours à manipuler ce matériel avec précaution.

Shaker

Nous avons tous en tête l'image de barmen jonglant avec un shaker étincelant, un exercice que vous devez absolument tenter. Les shakers sont généralement en acier inoxydable, mais on en trouve aussi en verre ou en métal argenté. Je préfère la version en acier inoxydable – durable, incassable, elle ne risque pas, surtout, de rouiller. Le shaker sert à préparer toutes sortes de cocktails, crémeux ou aux fruits.

Je recommande les modèles les plus classiques : le standard et le boston. Le standard est constitué de trois parties : une base en forme de cône, une partie supérieure incluant une passoire et un couvercle en forme de timbale qui s'emboîte par-dessus. Le boston est fait de deux cônes, un en métal argenté et un en verre. Il est plus prisé que le modèle précédent car plus pratique et plus facile à laver. Il présente cependant un inconvénient : entre des mains inexpérimentées, il peut se coincer là où les deux parties s'emboîtent. Lorsque cela se produit, il suffit de donner un bon coup du plat de la main sur la partie inférieure. Le cône en verre peut faire office de verre à mélange.

Mixeur

Il comprend, d'une part, une base avec un bouton de contrôle permettant de sélectionner l'une des deux vitesses de marche et, d'autre part, un contenant en métal, en verre ou en plastique muni d'un couvercle et d'un manche. Je recommande spécialement les mixeurs à bol transparent. À utiliser pour faire des boissons à base de fruits frais et de glace pilée.

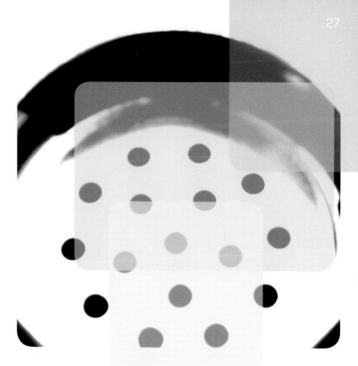

Shaker électrique

À utiliser pour les jus de fruits et, si vous n'avez pas de mixeur, pour les cocktails à base de sorbet ou de crème glacée. Dans les bars fréquentés, cet appareil permet un gain de temps appréciable.

Passoire à cocktail

La plus prisée est celle de la marque Hawthorn. Cette passoire ayant la forme d'une large cuillère plate présente un bord torsadé qui retient les glaçons lorsqu'on remplit le verre.

Verre à mélange

Il est utilisé pour la préparation de cocktails limpides comme les martinis ou les Manhattans, qui ne comprennent ni crème ni jus. Les mixtures doivent cependant être filtrées au moyen d'une passoire à cocktail.

Cuillère à mélange

Cette longue cuillère au manche torsadé sert à remuer les cocktails. Celle qui présente un bout plat peut servir à piler des morceaux de fruits, des feuilles de menthe ou des cristaux de sucre.

Verre gradué

À moins d'être expert, vous aurez besoin de ses petites graduations pour bien doser vos cocktails. C'est la seule manière d'être sûr que vos préparations auront le goût qu'elles doivent avoir – à moins que vous ne préfériez goûter régulièrement et... rouler sous la table de façon prématurée.

Pilon

Cet instrument en bois est utilisé pour écraser des morceaux de fruits frais, des herbes aromatiques, des cristaux de sucre ou des glaçons.

Autre matériel utile

Seau à glace pour rafraîchir vin blanc et champagne, cuillère et pince à glace, planche à découper et couteaux, presse-agrumes, tire-bouchon, décapsuleur, bouchon à piston pour le champagne, zesteur, fouet, pailles, agitateurs, serviettes en papier, petits parasols pour décorer les verres.

Ingrédients à avoir à portée de main

Tabasco et sauce Worcestershire, Angostura bitters, sel et poivre, olives et oignons en saumure ou au vinaigre, cerises confites, cannelle, sucre blanc et sucre roux, œufs, crème épaisse, citrons jaunes, citrons verts, oranges, bananes, pêches, fraises, crème de coco, menthe, glace à la vanille, sorbet à l'orange.

Eaux et sodas

Ayez sous la main de l'eau gazeuse et des sodas variés : cola, tonic, ginger ale, lemon-lime...

Jus de fruits

Jus d'orange, jus d'ananas, jus de canneberge, jus de pamplemousse et jus de tomate.

Sirops

Sirop de citron jaune du commerce (le meilleur est le Rose's Lime Cordial anglais) et sirop de grenadine.

Autres ingrédients

Le sirop de sucre est très utile : pour le faire vous-même, versez 1 litre (4 tasses) d'eau sur 500 g (1 lb) de sucre et mélangez. Faites bouillir à petit feu pendant une demi-heure. Laissez refroidir avant de mettre en bouteille.

Le « half & half » désigne un mélange à parts égales de lait et de crème épaisse.

Le « sweet & sour mix », « sour mix » ou « bar mix » est un mélange de citron vert et de sucre qui peut parfois remplacer les jus de fruits frais.

Garnitures et fruits

Avant de vous lancer dans la confection de cocktails, rappelez-vous que la maîtrise de cet exercice fera de vous un artiste à part entière. La réussite tient au matériel utilisé (choisissez des ustensiles de qualité), à une bonne dose de talent, mais aussi à la réunion d'un certain nombre d'éléments au nombre desquels figurent la bonne humeur, l'imagination, la créativité et le sens de l'esthétique, qui vous permettront de concocter et de servir des long drinks aussi agréables à l'œil qu'au palais.

Le plus délicieux des cocktails paraîtra insignifiant sans une bonne décoration. Les garnitures rendent les cocktails plus attrayants, en soulignant leur couleur et en leur donnant un air de fête. D'ailleurs, vous-même, vous vous préparez avant de sortir, n'est-ce pas ?

J'ai remarqué chez certains *bartenders* une tendance à surcharger leurs créations de fruits, cerises confites, parasols et autres, si bien que leurs cocktails finissent par ressembler à des salades composées ! Évitez cette erreur : choisissez le décor en fonction de la taille et de la forme du verre, des arômes et de la couleur du cocktail. En la matière, le maître mot est simplicité. Un décor surchargé n'est pas attrayant et, dans la plupart des cas, le minimum donne le maximum.

Lorsque vous achetez des fruits, veillez à ce qu'ils soient beaux. Oranges, citrons, bananes, fruits de la Passion, fruits rouges et noirs font de superbes décors. Utilisez une planche à découper de taille adéquate, un couteau bien aiguisé, et coupez les fruits sans jamais perdre de vue les proportions d'ensemble de votre composition.

Termes
techniques

Vous allez maintenant pouvoir commencer à vous amuser. Verres, matériel, garnitures et décors n'ayant plus de secrets pour vous, ce chapitre va vous offrir l'occasion de mettre en pratique ce que vous avez appris. Au fur et à mesure que vous maîtriserez les techniques présentées, vous prendrez confiance en vous et ferez sans peine vos premiers pas de *bartender*. Après avoir lu et étudié chaque technique avec soin, exécutez-la plusieurs fois de suite jusqu'à la maîtriser parfaitement. Rien ne vaut la pratique et la discipline pour atteindre la perfection.

Frapper
- avec un shaker manuel

La première fois que j'ai utilisé un shaker, j'ai eu du mal à garder le corps immobile en ne remuant que les mains. La technique n'a rien de difficile, mais il faut de la pratique pour acquérir le bon rythme.

- Mettez les glaçons dans le shaker, ajoutez les ingrédients de la recette et assurez-vous que le shaker est bien fermé.
- Tenez le shaker fermement à deux mains, en haut et en bas, puis ramenez-le au niveau de l'épaule et secouez vigoureusement en effectuant un mouvement de balancier pendant 8 à 12 secondes.
- Passez la mixture ou versez-la directement dans un verre préparé à l'avance.

- avec un shaker électrique

À moins que vous ne travailliez dans un bar bondé, le shaker électrique ne s'impose pas. Si vous êtes amené à l'employer, versez-y uniquement de la glace pilée. Si vous y mettez du sweet & sour mix, ne le faites pas plus de 3 secondes, sous peine de vous retrouver avec un mélange trop mousseux.

Dresser

C'est la première étape dans l'apprentissage de la confection des cocktails, et c'est aussi l'une des

techniques les plus faciles à maîtriser. Vous pouvez ainsi réaliser un cocktail en un tournemain.

- Remplissez le verre de glace et versez par-dessus tous les ingrédients de la recette.
- Remuez avec une cuillère à mélange et présentez le verre sur une petite serviette en papier.

Mixer

Le mixeur est le frère d'armes des amateurs de cocktails à base de glace et de fruits frais. Margaritas frappées aux fruits ou Daiquiris frappés sont des exemples de savoureux long drinks d'été que l'on confectionne à l'aide d'un mixeur.

- Pour ne pas abîmer les pales du mixeur et obtenir des mixtures ayant la bonne consistance, utilisez toujours de la glace pilée.
- Faites fonctionner l'appareil jusqu'à obtention d'un mélange lisse. Versez dans un verre et servez avec deux grosses pailles. J'utilise toujours des pailles noires, qui se marient avec tous les cocktails, quelle que soit leur couleur.

Remuer et passer

Pour confectionner un bon martini ou tout autre cocktail qui demande à être remué, utilisez de préférence un verre à mélange en verre. Il s'agit

là d'une opération élégante, qui doit être réalisée avec délicatesse et assurance.

- Placez le verre à mélange devant vous.
- Mettez-y les trois quarts des glaçons. Veillez à ce qu'ils soient aussi froids et secs que possible.
- Versez les ingrédients dans le verre et, à l'aide de la cuillère à mélange, remuez 10 secondes, pas une de plus, afin que votre mixture ne soit pas trop diluée.
- Aussi vite que possible, posez la passoire à cocktail au-dessus du verre à mélange et versez la mixture dans le verre que vous aurez préparé à l'avance.
- Décorez et servez.

Piler

Cette technique très répandue dans les Caraïbes est utilisée pour la confection de la Caipirinha, à base de citron vert frais et de sucre brun.

- Mettez la moitié des fruits coupés en morceaux et le sucre dans un verre. Pilez d'un mouvement doux et régulier jusqu'à obtention d'une bouillie.
- Remplissez le verre de glace pilée et ajoutez l'alcool.
- Mélangez et servez avec deux pailles noires.

Givrer

Frottez le bord d'un verre avec un morceau de fruit juteux (qui, de préférence, s'accorde avec les arômes du cocktail que vous préparez). Plongez le bord du verre ainsi humidifié dans du sucre, du sel, du café ou du chocolat, puis secouez-le légèrement pour éliminer l'excès de poudre avant de le poser sur le bar. Des cocktails comme la Margarita ou le Salty Dog doivent être sirotés à travers ce givrage.

Le terme givrage désigne aussi la méthode utilisée pour rafraîchir un verre quand on ne dispose pas d'un congélateur. Il suffit de remplir le verre de glaçons et de le laisser ainsi quelques minutes.

Zeste
Fine pellicule prélevée sur une écorce d'agrume, en prenant le moins possible de peau blanche.

Twist
Ruban long et fin prélevé à l'aide d'un économe sur une écorce d'agrume, en prenant le moins possible de peau blanche. Tordez-le au-dessus du verre pour en extraire un peu d'huile essentielle avant de le laisser tomber dedans.

Maîtriser les techniques
Il vous faudra peut-être un peu de temps pour maîtriser toutes ces techniques, mais que cela ne vous inquiète pas. Le meilleur des apprentissages consiste à préparer le plus grand nombre possible de cocktails, mais n'en consommez pas trop ! Gardez la tête sur les épaules. Vous constaterez très vite vos progrès en termes de technique et de vitesse de réalisation.

à la maison

N'êtes-vous pas parfois fatigué du brouhaha des bars, restaurants et night-clubs? N'avez-vous pas parfois envie d'être tranquille avec vos amis, peut-être même avec une personne en particulier? Lorsque vous êtes dans cet état d'esprit, il est temps d'organiser votre propre fête.

Ne vous inquiétez pas si vous n'avez jamais ouvert votre porte aux oiseaux de nuit. Ce chapitre expose les principes de base d'une réception, en soulignant que la réussite de votre soirée tient à un savant dosage de bonne volonté, de joie de vivre et de convives triés sur le volet. C'est là qu'interviennent tout à la fois votre carnet d'adresses et votre imagination, car une telle fête peut changer votre vie. C'est un événement intime qui vous permettra peut-être de renforcer des liens d'amitié que vous apprécierez dans des moments difficiles. Ce peut aussi être l'occasion de rencontrer un futur partenaire en affaire, un ami ou même l'âme sœur.

L'élément le plus important est de dresser la liste des invités. Prenez donc tout le temps nécessaire pour ce faire. Essayez d'inviter à peu près autant d'hommes que de femmes. Autorisez vos convives à amener des amis, soyez ouvert. Lancez vos invitations par mail, par SMS, par téléphone, de vive voix ou, si vous voulez être plus formel, par écrit. J'ai une préférence pour cette dernière option, plus romantique, sophistiquée et personnelle, et qui donne dès le départ un cachet particulier à la réception.

Je me souviens parfaitement d'une invitation à une grande soirée organisée dans une magnifique villa de Haldiki. Ce fut un événement inoubliable, dont les invités reparlent encore quand il leur arrive de se retrouver. Nos hôtes avaient imaginé des invitations en forme de billet d'avion. Les deux cents personnes prévues étaient toutes présentes; certains avaient même amené des amis et connaissances. Tout cela a contribué à faire une soirée d'exception, que j'ai encore plaisir à évoquer. N'oubliez surtout pas que toute réception commence par... les invitations!

Un hôte parfait

Quand les invités arrivent, vous devez être au meilleur de votre forme sur le plan physique et sur le plan moral. Montrez-vous enjoué, plein de charme, et gardez le contrôle de la situation. Ayez soin de tout préparer à l'avance. Adressez-vous à vos invités en les regardant dans les yeux et réservez-leur votre plus beau sourire. Occupez-vous de tous sans exception : allez des uns aux autres en vous assurant qu'ils passent tous un bon moment, faites les présentations pour leur permettre de lier connaissance. Restez maître de vous-même en toutes circonstances, en particulier si vous avez affaire à un invité ivre, difficile ou malade.

Ne craignez pas de prendre les choses en main avec fermeté. Il est impossible de discuter avec un ivrogne et encore moins possible de le raisonner. N'hésitez pas à appeler un taxi pour ramener chez lui le convive indésirable. Surtout, ne vous enivrez jamais lorsque vous recevez.

L'environnement

L'endroit où vous recevrez vos invités – qu'il s'agisse d'une maison, d'un appartement, d'un patio ou du bord d'une piscine – doit être aménagé en vue de la réception. N'oubliez pas de prévoir du savon et des serviettes supplémentaires dans les toilettes et/ou la salle de bains.

Pour une atmosphère plus détendue, tamisez les lumières et disposez des bougies un peu partout. Faites aussi brûler un peu d'encens pour ajouter une touche de mystère. En hiver, prévoyez un endroit où vos invités pourront déposer leurs manteaux.

Quelques mots à propos de la musique

« Le fun, aimait à dire le saxophoniste Cannonball Adderley, naît lorsque tout est en harmonie. » Il est vrai que la musique conditionne l'ambiance et qu'une ambiance harmonieuse est indissociable d'une bonne fête. Le mélange jazz-cocktails est une excellente recette : un groupe de jazz se produisant en *live,* avec un chanteur à la voix sensuelle, est un gage de réussite. Un groupe de musique latine jouant de la bossa-nova, de la samba, du tango et de la salsa est aussi un bon choix, surtout s'il s'agit d'une soirée dansante. Au fur et à mesure de l'avancement de la soirée, il est conseillé d'évoluer vers des rythmes plus soutenus. Vous aurez besoin de quelques amplis et, si la fête a lieu à l'extérieur, d'une tente qui protégera les installations électriques en cas de pluie.

Si vous avez l'intention de danser, une solution intéressante consiste à s'offrir les services d'un disc-jockey. On trouve au sein de la nouvelle génération des gens très éclectiques, souvent professionnels, qui de plus apportent le matériel nécessaire. Prévoyez d'installer le disc-jockey dans un endroit où il dispose de suffisamment de prises électriques. Si les prestations d'un orchestre ou d'un disc-jockey sont au-dessus de vos moyens, rabattez-vous sur votre bonne vieille chaîne hi-fi. Vérifiez cependant qu'elle fonctionne bien et faites en sorte qu'il y ait quelqu'un pour s'en occuper tout au long de la soirée.

Le style de musique dépend essentiellement de vos goûts et de ceux de vos invités. En début de soirée, privilégiez une ambiance décontractée, qui détende vos hôtes et leur offre l'occasion d'exprimer leur charme et leur esprit (jazz, classique...). Plus tard, optez pour une alternance de diverses mouvances musicales, en puisant dans le large choix qu'offrent le rock, la soul, le funk, la pop, le reggae, le groove, la musique fusion, les rythmes afro-cubains, les danses de salon, etc., sachant qu'il existe toutes sortes de compilations. Mais vous avez peut-être des idées très arrêtées sur le sujet...

Personnellement, c'est le groupe en *live* qui a ma préférence – surtout avec un bon chanteur. C'est la certitude d'une fête réussie, dont vos invités reparleront longtemps, longtemps après.

Le coin bar

Si vous recevez régulièrement, un bar bien équipé représente un bon investissement et constitue toujours un centre d'intérêt pour vos invités. Je suis convaincu que tout hôte sérieux se doit de disposer de ce qu'il faut pour préparer certains cocktails très appréciés.

Facilitez-vous la tâche : installez votre bar non loin de la cuisine, pour être à proximité d'un point d'eau, et prévoyez de la place. Préparez des plateaux d'amuse-gueule et de petits-fours (crevettes sautées, canapés, boulettes de viande, petites brochettes variées, fromages, fruits...), qui ravissent les yeux et le palais. Il est toujours plus agréable de prendre un verre en mangeant, ce qui offre l'avantage de ralentir le rythme de consommation d'alcool et de retarder d'autant l'ivresse. Notez cependant que les apéritifs trop salés (arachides, chips...) poussent à boire.

Le matériel

Comme un professionnel, ayez toujours à portée de main un seau et une pince à glace, un shaker standard, un mixeur de bonne puissance, un verre à mélange, un pilon, une passoire, des cuillères à mélange, des pailles, un ouvre-bouteille et un presse-agrumes, une planche à découper, un couteau tranchant ainsi qu'un verre gradué.

Les verres

Les types de verres dont vous devez absolument disposer pour une fête réussie sont le tumbler, le verre à cocktail, le verre à vin rouge, le shot et éventuellement le verre à whisky. Si vos moyens vous permettent de vous équiper, consultez le chapitre consacré à ce sujet pour faire votre choix. Si vous souhaitez impressionner vos invités, n'oubliez pas de faire givrer quelques verres à cocktail au congélateur. Comptez deux fois plus de verres qu'il y a d'invités.

Alcools et spiritueux

Rien ne vaut la qualité et l'authenticité. Évitez les imitations bon marché et privilégiez les marques connues. Le rhum, le gin, la tequila et la vodka font partie des alcools blancs le plus souvent utilisés pour la confection des cocktails. Parmi les autres spiritueux, citons le whisky, le whiskey irlandais, le bourbon, le cognac, la cachaça. Suivent le vermouth sec, le triple sec, le curaçao bleu, le Kahlua, le Bailey's, le Malibu, la liqueur de cerise, le schnaps à la pêche, le sirop de grenadine, le jus de citron vert du commerce, les vins rouge et blanc, la bière.

Si vous n'êtes pas encore rodé, tenez-vous-en à la préparation de cocktails soigneusement choisis comme les Mojito, Caipirinha, Cosmopolitan, Bay Breeze, Sea Breeze, Screwdriver et Long Island Ice Tea, faciles à faire et appréciés de tous. Champagne, vin, bière et punchs aux fruits compléteront l'assortiment de boissons alcoolisées. La tequila, la vodka et le schnaps sont généralement servis dans des shots préalablement glacés. Pensez à mettre au congélateur quelques bouteilles que vous sortirez lorsque le besoin s'en fera sentir. N'oubliez pas de bien doser les différents alcools dans vos cocktails, pour être sûr qu'ils présentent la texture, la couleur et le goût qui leur sont associés.

Jus de fruits

Veillez à avoir en quantité suffisante ceux que l'on utilise le plus fréquemment: orange, ananas, pamplemousse, canneberge et tomate. Pour ce qui est des boissons non alcoolisées, approvisionnez-vous en sodas de toutes sortes (limonade, cola, tonic, bitter lemon, ginger ale…).

Assaisonnements

Sauces Tabasco et Worcestershire, Angostura bitters, sel et poivre, olives, cerises confites, cannelle, chocolat noir, sucre blanc et sucre roux, crème épaisse, lait, citrons jaunes, oranges, citrons verts, bananes, fraises, menthe, sweet & sour mix, glace à la vanille, sorbet à l'orange.

Glaçons

Il ne saurait y avoir de cocktails sans glaçons : il en faut donc beaucoup. Si vous n'avez pas de machine à glaçons, enveloppez quelques gros cubes de glace dans un torchon propre et frappez-les à l'aide d'un maillet jusqu'à les faire éclater en plus petits morceaux. Peu pratique, la méthode est cependant très efficace.

Mojito aux framboises

Faites démarrer votre soirée du bon pied en proposant ce savoureux punch aux fruits maison.

1 bouteille de rhum blanc (Bacardi)
500 g (2 ½ tasses) de framboises
5 citrons verts
1 beau bouquet de menthe effeuillé
240 g (1 tasse) de sucre roux
1 litre (4 tasses) de soda
1 kg (2 lb) de glace pilée

Coupez les citrons verts en quartiers et mettez-les dans un saladier d'une contenance de 5 litres avec les framboises, la menthe et le sucre roux. Pilez le tout, puis remplissez le saladier de glace pilée aux trois quarts. Ajoutez le rhum et allongez avec le soda. Préparez votre punch peu avant l'arrivée de vos invités. Les proportions conviennent pour 10 à 15 convives.
Vous pouvez reprendre cette recette pour faire un Mojito aux fraises, en remplaçant le rhum blanc par du rhum ambré et les framboises par des fraises. Bonne soirée !

Quelques
mots sur

 alcool

Au cours de ma carrière, j'ai souvent participé à d'interminables discussions (en général après le service) sur les propriétés de certaines boissons et leur effet sur les individus. Certains pensent que les boissons alcoolisées, à cause des herbes et des épices qu'elles contiennent, sont aphrodisiaques. Ce n'est pas mon avis. L'alcool est un excellent stimulant qui, consommé en petite quantité, met nos sens en éveil. Il lève les inhibitions, nous incite à un comportement plus instinctif et plus spontané que celui que nous nous imposons dans la réalité quotidienne, lequel nous est dicté par l'éthique, la loi, les coutumes ou la religion.

Deux ou trois verres peuvent nous mettre dans une sorte d'euphorie que nous souhaitons voir perdurer, mais ils peuvent aussi relaxer, donner de l'assurance, délier les langues et aider à exprimer un charme, un esprit ou une sensualité cachés. Sans compter qu'ils peuvent aussi faire de vous un amant de haute volée – et je pèse mes mots. Cependant, il faut rester vigilant car un ou deux verres de trop peuvent avoir des effets tout à fait opposés : survolter les gens, exacerber leurs défauts, les pousser à dire des bêtises, à parler fort, à adopter des attitudes dangereuses, ou neutraliser leurs performances sexuelles. Or il est fréquent qu'on bascule dans un état second sans même s'en rendre compte. Un dicton grec dit en substance : « Bois-en, mais ne laisse pas l'alcool te boire. » En matière de consommation d'alcool, toute conduite est personnelle.

Les effets de l'alcool varient d'un individu à un autre, et il faudrait évaluer sa forme physique et morale avant de décider de ce qu'on va boire. Certains alcools sont réputés pour enivrer rapidement (le bourbon ou la tequila), d'autres pour leurs vertus apaisantes (le vin ou le cognac). Quant au champagne, il a la réputation de délier les langues et de rendre les gens joyeux. Sur ce dernier point, on se référera à Mme de Pompadour, la pulpeuse favorite de Louis XV : elle considérait que le champagne était le seul alcool qui ne nuisait pas à la beauté des femmes. On ne se demande plus pourquoi il est si cher !

Vous remarquerez que certains cocktails sont connus pour être des apéritifs, d'autres des digestifs, et certains les deux. Les martinis secs, le Daiquiri et le délicieux White Lady sont le plus souvent consommés avant le repas, dans la mesure où ils comprennent des ingrédients qui stimulent l'appétit. Les cocktails à base de liqueur et de crème, ou comprenant des jus de fruits (Black Russian, Rusty Nail ou Mai Tai), sont des digestifs destinés à adoucir le palais après un repas relativement relevé. N'oubliez jamais, cependant, que c'est à vous – et à vous seul – qu'il appartient de décider de la boisson que vous souhaitez consommer et du moment où vous souhaitez le faire. Ne laissez personne prendre de telles décisions à votre place !

Il existe des centaines de recettes de cocktails, et il est impensable de vouloir les connaître tous. Cela ne présenterait d'ailleurs aucune utilité,

comme me l'a appris l'expérience. En 1993, alors que je travaillais au *O'Neil's Beach Bar*, à Tenerife, je connaissais par cœur les recettes des 350 cocktails figurant sur le gigantesque tableau placé à l'entrée du bar. Au bout de plusieurs mois, j'ai constaté que je n'en avais pas réalisé plus de 10 %. Ce qui serait parfait, me semble-t-il, serait de savoir bien préparer une centaine de cocktails, et surtout de savoir les refaire chaque fois à la perfection. Au fait : si l'on vous demande une mixture dont vous ne maîtrisez pas les proportions, n'hésitez pas à consulter des « antisèches » placées à portée de main sous le comptoir. Vous ne devez jamais avoir honte d'effectuer une vérification ; après tout, vous êtes un être humain, et non une machine !

Vous constaterez au fil des chapitres que j'ai pris quelques libertés avec certaines recettes classiques. Il n'y a pas lieu de s'inquiéter. La pré-

> Ne buvez pas pour vous saouler.
> Buvez pour savoir apprécier la vie.
> Jack Kerouac

paration d'un cocktail diffère d'un bar à un autre et d'un barman à un autre. Tout va bien aussi longtemps que le contenu du verre est bon, et qu'il satisfait tout à la fois la vue, le nez et le palais !

Il existe de nombreux ouvrages consacrés à l'art du cocktail, et il faut voir dans les nuances qu'ils présentent ces petites contradictions sans lesquelles nos vies seraient bien ternes ! Certains préparent le Long Island Ice Tea avec de la tequila, d'autres sans. Certains préfèrent le Mojito à base de rhum ambré et de sucre, d'autres ne jurent que par le rhum blanc et le sirop. Pour certains, un Sex on the Beach se fait avec de la liqueur de pêche et du jus d'orange, d'autres préfèrent la version Midori et jus de canneberge… On pourrait poursuivre à l'envi la fastidieuse énumération de ces différences. Cela dit, j'ai sélectionné les recettes présentées ici en me basant sur mon expérience en la matière – un critère de choix qui m'a tou-

jours réussi. La sélection s'est faite « au mérite », en fonction de l'apparence, de la texture, des arômes, des particularités de chaque cocktail.

Privilégiez les meilleurs spiritueux du marché, les fruits de saison, choisissez des verres adaptés et suivez toujours les recettes à la lettre, du moins dans un premier temps. Dégustez une petite gorgée de chacune de vos préparations pour vous assurer qu'elles ont toujours le même goût d'une fois à l'autre; jaugez-les également à la couleur. J'espère de tout cœur que vous apprécierez les recettes de ce livre et que l'occasion vous sera donnée de toutes les préparer. N'hésitez pas à concocter vos propres mélanges. Après tout, les cocktails que nous connaissons ont bien été inventés à un certain moment par une certaine personne; il n'est donc pas exclu que le prochain classique soit tout droit sorti de votre imagination. Bonne chance !

lendemains difficiles

Épicure, qui a vécu en Grèce de 341 à 270 av. J.-C., prônait la nécessité de se défaire des richesses matérielles pour se concentrer sur les plaisirs des sens. Pour les épicuriens, il faut, si l'on veut apprécier pleinement la vie, faire preuve d'une grande maîtrise de soi, de tempérance et de sérénité. Pour les *aficionados* des cocktails, il faut plus modestement quelques mixtures exotiques, quelques excès et – le plus important – quelques remèdes contre la « gueule de bois ».

Dans les premiers temps de son invention, l'alcool était réservé à un usage médicinal. Puis, très vite, il a été utilisé à d'autres fins... C'est ainsi que, dans plusieurs parties du monde, il est désormais de tradition d'accompagner un bon repas d'un verre ou deux. Il arrive parfois que ceux-ci soient suivis d'un troisième, puis d'un quatrième... mais c'est une autre histoire. Ceux qui aiment s'amuser (et boire) toute la nuit connaissent les désagréables symptômes qui apparaissent le lendemain matin, au moment où l'on ouvre douloureusement l'œil sur un lit en désordre entouré d'objets jetés pêle-mêle. S'ensuit une prise de conscience graduelle que les choses ne sont pas exactement comme elles devraient être – du moins en ce qui concerne l'état de la tête et de l'estomac.

À vrai dire, il n'existe aucun remède pour la gueule de bois, même si nous avons tous de bonnes vieilles recettes de « rince-cochon » des familles. Les conseils qui suivent aideront votre organisme à encaisser l'alcool et à surmonter les effets secondaires qui découlent des excès.

Avant de boire

- Mangez du yaourt ou buvez du lait, qui protégeront votre estomac en absorbant une partie de l'alcool et en prévenant l'irritation de la muqueuse. Cela ne veut pas dire que vous pourrez boire plus que de coutume

- Ne buvez jamais l'estomac vide – c'est suicidaire. Vous vous enivrerez trop rapidement; il vous faudra très vite un sandwich ou un taxi, voire les deux.

- Essayez de boire la même chose tout au long de la soirée et évitez les mélanges, qui peuvent se révéler désastreux pour le métabolisme.

- Sirotez votre verre et appréciez ce que vous buvez. Humez les saveurs, dégustez; surtout, n'avalez pas un verre après l'autre. Lorsque vous avez vidé votre verre, attendez un certain temps avant de vous resservir.

- Les estomacs irrités sécrètent davantage d'acidité. Veillez donc à stocker suffisamment d'antiacides. La consommation d'eau minérale est une bonne alternative. Si vous prenez déjà un traitement, consultez votre médecin sur la prise de comprimés antiacides.

- L'alcool use nos réserves de vitamines. Les lendemains difficiles, consommez des aliments riches en vitamines B, C et E, favorables au rétablissement de l'équilibre de l'organisme.

Qui a bu boira

- L'alcool éponge l'eau présente dans l'organisme. Buvez donc beaucoup d'eau entre deux cocktails. Cela aidera votre corps à se débarrasser des toxines issues des alcools et à se réhydrater.

- Contrôlez-vous. Il n'est pas question de vous mettre dans un état second. Le bar n'aura pas changé de place demain.

Après avoir bu

Bon, vous avez tout oublié des épicuriens... Le mal est fait.

- Si vous vous réveillez tout habillé avec la mémoire embrumée, c'est que, jusqu'ici, vous n'avez rien compris à mes conseils.

- Une bonne douche fraîche vous tonifiera et vous fera le plus grand bien.

- Passez une musique douce qui adoucira votre gueule de bois.

- Buvez beaucoup d'eau, plate ou pétillante. Vous pouvez aussi prendre un jus de tomate additionné de jus de citron ou de jus de pamplemousse.

- Prenez des vitamines (multivitamines ou vitamines E, B, C) pour rééquilibrer votre organisme.

- Si vous avez mal à la tête ou des vertiges, avalez un antalgique avec beaucoup d'eau et faites un petit somme.

- Un vieux de la vieille m'a suggéré un jour qu'il fallait traiter le mal par le mal et consommer le lendemain l'une des boissons responsables de la

gueule de bois. C'est peut-être vrai, mais la plupart d'entre nous n'ont pas le cœur à boire quand ils connaissent des lendemains difficiles...

• Ne buvez jamais de manière excessive. C'est mauvais pour la santé. L'alcool accélère le rythme cardiaque et augmente la tension artérielle. Ce processus peut dérégler le mécanisme qui permet au corps d'ajuster son afflux sanguin en toutes circonstances, au point de nécessiter parfois un traitement médical. À bon entendeur...

Vivez le moment présent... mais avec modération, si vous voulez vivre longtemps.

Épicure

partie 2

Grands classiques

Jerry Thomas, Harry Johnson et le signor Martini, barmen légendaires des années 1860, ont créé à eux trois la plupart des cocktails considérés aujourd'hui comme de grands classiques. Pour qu'un cocktail devienne un « classique », il doit être agréable à la vue, puissant au nez et en bouche, et très caractéristique. Ces mixtures célèbres ont défié le temps et se sont imposées dans les hautes sphères de la politique, de la banque, du cinéma, de la musique et de la littérature. Bref, parmi les gens riches et célèbres. Tout bon barman professionnel doit savoir préparer à la perfection les grands classiques. Étudiez donc d'abord ces cocktails et garnissez votre bar en conséquence.

Bronx

Considéré comme le troisième cocktail au monde en 1934, le Bronx a vu le jour aux États-Unis pendant la Prohibition. Il a été inventé par un barman qui, quelques heures avant de prendre son service, avait visité le zoo du Bronx. Y avait-il trouvé quelques similitudes avec son bar? Le Bronx était le cocktail préféré du poète John Berryman, qui avait coutume de dire: «Lorsque je ne suis pas occupé et que je ne bois pas, j'ai souvent le sentiment de perdre mon temps.»

30 ml (1 oz) de gin Bombay Sapphire
15 ml (½ oz) de Noilly Prat
15 ml (½ oz) de Martini rouge
60 ml (2 oz) de jus d'orange
20 ml (⅔ oz) de jus de citron (facultatif)
+ 1 rondelle d'orange
+ 1 cerise rouge confite

Frappez et passez dans des grands verres à cocktail ou des tumblers. Garnissez d'une rondelle d'orange et d'une cerise rouge confite.

Gimlet

Ce délicieux mélange de gin et de citron vert donne un short drink frais et tonique !

45 ml (1 ½ oz) de gin Bombay Sapphire
20 ml (⅔ oz) de jus de citron ou de Rose's Lime Cordial
+ 1 quartier de citron vert

Dans un verre à whisky rempli de glace pilée, versez le gin puis le jus de citron. Garnissez d'un quartier de citron vert.

Bloody Mary

Bien que ses origines soient controversées, j'aime à penser que cette boisson généreuse et savoureuse a vu le jour au *Harry's New York Bar* à Paris, lieu de rencontre privilégié d'une génération d'écrivains comme on n'en fait plus, dont Ernest Hemingway, Scott Fitzgerald et le célèbre Henry Miller. Le Bloody Mary est excellent pour vous remettre d'aplomb au lendemain d'une soirée agitée !

45 ml (1 ½ oz) de vodka
120 ml (4 oz) de jus de tomate
20 ml (⅔ oz) de jus de citron
4 gouttes de sauce Worcestershire
4 gouttes de Tabasco
Sel et poivre
+ 1 branche de céleri

Mettez des glaçons dans un tumbler. Saupoudrez-les de sel et de poivre. Ajoutez la sauce Worcestershire, le Tabasco, le jus de citron, puis la vodka et le jus de tomate. Garnissez d'une branche de céleri.

Daiquiri

La Havane est incontestablement le pays natal du Daiquiri. Ce grand classique y fut créé en 1920 par Constantino Ribailaqua. L'an dernier, je me trouvais en même temps qu'un vieux loup de mer au *Soul Club*, non loin de la Plaza Real, à Barcelone. Alors qu'il sirotait un ou deux Daiquiris, ce familier des bars de La Havane m'apprit que cette boisson avait été confectionnée pour étancher la soif des mineurs cubains. «On leur donnait à boire quand ils sortaient de la mine, et non à la porte de quelque bar à la mode», me confia-t-il dans un anglais teinté d'un fort accent espagnol. Fitzgerald, Hemingway et Marlene Dietrich appréciaient le Daiquiri à l'apéritif, avant le dîner. Daiquiri est également le nom d'une plage située non loin de Santiago de Cuba.

60 ml (2 oz) de rhum Bacardi supérieur
15 ml (½ oz) de jus de citron
15 ml (½ oz) de sirop de sucre
+ 1 rondelle de citron

Frappez et passez dans de grands verres à cocktail givrés. Garnissez d'une rondelle de citron.

White Russian

De nombreux barmen remplacent le lait de cette recette par de la crème et servent ce cocktail frappé. Je pense que la crème rend le mélange un peu trop lourd. Le lait, plus maigre, donne une mixture plus équilibrée et agréable au palais. Il est vrai que la plupart des femmes préfèrent la variante à base de crème. Dans les deux cas, le White Russian est une boisson royale !

30 ml (1 oz) de vodka
30 ml (1 oz) de Kahlua
Du lait pour allonger

Préparez ce cocktail directement dans un tumbler rempli de glaçons. Mélangez avant de servir.

Black Russian

On doit ce classique au barman belge Gustave Topsa, qui œuvrait à l'hôtel Métropole de Bruxelles lorsqu'il le créa pour Perla Mesta, ambassadeur des États-Unis au Luxembourg, en 1949. Le Black Russian évoque la sombre période de la guerre froide entre les États-Unis et l'Union soviétique. Ce mélange explosif est délicieux à siroter en digestif !

30 ml (1 oz) de vodka
30 ml (1 oz) de Kahlua
+ 1 cerise rouge

Mélangez dans un verre à whisky rempli de glace pilée. Garnissez d'une cerise rouge.

Manhattan

Classique de renom, le Manhattan incarne à lui seul la fabuleuse épopée des cocktails et chaque gorgée évoque des fragments de l'histoire de ces boissons légendaires. Le Manhattan a vu le jour en 1870 au *Manhattan Club* de New York, où il a été servi à lady Randolph Churchill (mère de sir Winston, qui était d'origine américaine). Voici la recette de l'authentique Manhattan :

45 ml (1 ½ oz) de whiskey Canadian Club
20 ml (⅔ oz) de Martini rouge
4 gouttes d'Angostura bitters
+ 1 cerise rouge

Versez un trait d'Angostura dans un verre à cocktail. Tenez le verre par le pied et faites-le tourner pour répartir uniformément le liquide sur la paroi. Remplissez un verre à mélange de glaçons et versez-y les autres ingrédients. Remuez à l'aide d'une cuillère à mélange pendant une dizaine de secondes. Versez à travers une passoire à cocktail dans le verre préparé. Garnissez d'une cerise confite.

Tu commences par prendre un verre,
puis un verre en amène un
autre et à la fin un verre t'emmène.

F. Scott Fitzgerald

Gibson

Aussi bon qu'il est possible !

45 ml (1 ½ oz) de gin Bombay Sapphire
10 ml (⅓ oz) de Noilly Prat
+ 1 oignon cocktail

Frappez et passez dans un grand verre à cocktail
givré. Garnissez d'un oignon cocktail.

Margarita

Margarita, qui signifie « perle » en latin, désigne le tournesol en espagnol. Le cocktail du même nom nous vient du Mexique, plus précisément de la plage de Rosanita Beach, battue par les vents, où il fut inventé par Danny Hervana pour une show-girl du nom de Majore King qui ne supportait que la tequila. Ce puissant classique va à coup sûr vous réveiller le palais !

45 ml (1 ½ oz) de tequila
20 ml (⅔ oz) de Cointreau ou de triple sec
Le jus d'1 citron
+ 1 rondelle de citron

Frappez et passez dans un verre à Margarita givré au sel. Garnissez d'une rondelle de citron et savourez à travers le givrage. Ce cocktail se consomme en apéritif.

White Lady

Également connu sous les noms de Delilah et de Lillian Forever, le White Lady a vu le jour en 1929 au célèbre *Harry's Bar* de Paris, et se porte toujours à merveille. Attention toutefois, c'est une beauté dangereuse...

45 ml (1 ½ oz) de gin Bombay Sapphire
20 ml (⅔ oz) de Cointreau
15 ml (½ oz) de jus de citron
Un peu de blanc d'œuf
+ 1 twist de citron

Frappez et servez dans un verre à cocktail givré. Garnissez d'un long twist de citron. Veillez à utiliser un œuf frais !

Between the Sheets

Un nom coquin pour un cocktail qui ne l'est pas moins...

45 ml (1 ½ oz) de rhum Bacardi supérieur
10 ml (⅓ oz) de brandy
10 ml (⅓ oz) de Cointreau
20 ml (⅔ oz) de jus de citron
+ 1 twist de citron

Frappez et passez dans un verre à cocktail givré au sucre. Garnissez d'un twist de citron.

Mint Julep

Avec ses 256 ans, c'est le père de tous les cocktails ! Le mot julep vient du perse *julab,* qui signifie « eau de rose ». Le Mint Julep était la boisson favorite de l'écrivain américain William Faulkner.

60 ml (2 oz) de bourbon
6 feuilles de menthe
2 morceaux de sucre roux
De l'eau plate pour allonger
+ 2 feuilles de menthe

Pilez six feuilles de menthe et le sucre dans un verre à whisky. Ajoutez de la glace pilée. Versez le bourbon, allongez avec de l'eau plate et remuez délicatement avec une cuillère à mélange. Décorez de feuilles de menthe.

Old Fashioned

Le bourbon a mes faveurs quelle que soit mon humeur. J'ai bien tenté d'y résister... mais en vain. Je me suis enivré une fois avec ce grand classique. C'était au *Jimmy's Bar* d'Amsterdam, un endroit très prisé qui évoque pour moi une fumerie d'opium du XVIIIe siècle.

45 ml (1 ½ oz) de bourbon
1 cerise confite
4 gouttes d'Angostura bitters
1 morceau de sucre blanc
Du soda pour allonger
+ 1 rondelle d'orange

Pilez la cerise avec l'Angostura et le sucre dans un tumbler que vous remplirez ensuite de glace pilée. Ajoutez le bourbon, puis allongez avec du soda. Décorez d'une rondelle d'orange.

Brandy Alexander

Ce cocktail d'une exquise délicatesse mettra à genoux les femmes les plus exigeantes!

30 ml (1 oz) de brandy
30 ml (1 oz) de crème de cacao
20 ml (⅔ oz) de half & half (mélange lait-crème
** épaisse)**
+ Muscade ou cannelle en poudre

Frappez et passez dans d'anciennes coupes à champagne ou dans de grands verres à cocktail. Parsemez de muscade ou de cannelle. Le Brandy Alexander est l'un de mes cocktails préférés.

Si vous avez des secrets à garder, ne buvez pas.

Georgios Andritsos

Whisky Sour

On appelle *sours* des mixtures à base de spiritueux additionnées de jus d'agrumes et de sucre. Les variantes les plus appréciées sont au rhum, à la vodka, au whisky écossais ou au whiskey irlandais ou canadien. Utilisez toujours des jus de fruits frais pour obtenir un mélange tonique.

45 ml (1 ½ oz) de whiskey canadien
Le jus d'1 citron
20 ml (⅔ oz) de sirop de sucre
+ 1 cerise rouge confite

Les *sours* peuvent se préparer de deux manières : frappez et passez dans un verre à whisky rempli de glaçons ; ou frappez et passez dans un verre tulipe garni de glace pilée. Décorez d'une cerise confite.
Les femmes préféreront certainement la seconde formule, mais c'est une question de goût !

Kamikaze

Ce cocktail tient son nom des pilotes japonais qui, sacrifiant leur vie pour anéantir l'ennemi, trouvaient la mort en écrasant leur avion sur leur cible. Prenez donc votre courage à deux mains...

30 ml (1 oz) de vodka
10 ml (⅓ oz) de Cointreau
Le jus d'½ citron
+ 1 quartier de citron

Frappez et versez dans un verre à whisky. Garnissez d'un quartier de citron.
Une variante consiste à frapper la mixture et à la passer dans un shot. Je prépare généralement la valeur d'un shaker pour un groupe aggluiné autour du bar dont chaque membre est d'humeur à avaler un ou deux shooters.

Tom Collins

Je dirais du Tom Collins qu'il s'agit d'une limonade rafraîchissante additionnée d'un trait d'alcool. Ce cocktail a été créé en 1890 par John Collins dans les brumes de l'Angleterre. Vous pouvez remplacer le gin par du rhum ou du bourbon.

45 ml (1 ½ oz) de gin Bombay Sapphire
Le jus d'1 citron entier
20 ml (⅔ oz) de sirop de sucre
Du soda pour allonger
+ 1 rondelle de citron
+ 1 feuille de menthe

Frappez et passez dans un tumbler rempli de glaçons. Allongez avec du soda. Garnissez d'une rondelle de citron et d'une feuille de menthe.

L'alcool est peut-être le pire ennemi de l'homme,
mais la Bible commande d'aimer son ennemi.

Frank Sinatra

Martinis

Le Dry Martini est le plus célèbre cocktail de tous les temps. Il s'impose même, je dirais, comme l'emblème des cocktails et du noctambulisme, comme le summum de la décontraction alliée à la sophistication. On comprend pourquoi James Bond en a fait sa boisson fétiche !

Traditionnellement, le Dry Martini est réalisé avec du gin et du vermouth sec, mais on assiste depuis quelques années à un engouement pour des variantes à base de vodka. Contrairement au gin, la vodka est un alcool limpide et neutre qui se marie parfaitement avec d'autres arômes. Ce qui explique la recrudescence aux quatre coins du monde de martinis diversement aromatisés. J'ai inclus dans ce chapitre plusieurs variantes modernes.

Dry Martini

Remué et non frappé est le nom d'un ouvrage entièrement dédié par John Doxan à la célébration de cette boisson. L'histoire veut que le Dry Martini ait été créé en 1910 par le signor Martini, un barman œuvrant au *Knickerbocker Hotel* de New York, à l'intention de John D. Rockefeller, millionnaire et philanthrope de son état. Songez: un Dry Martini, à la base, c'est 60 ml (2 oz) de gin aromatisé au vermouth servi dans un verre à cocktail garni d'une olive sur une pique en bois. Pourtant, pour moi comme pour d'autres, il évoque l'un des cocktails les plus raffinés et les plus subtils qui soient.

Il doit être froid comme le vent du nord et sec comme le désert brûlé par le soleil. Dans son verre triangulaire aux bords arrondis, le Dry Martini s'impose par sa dignité et sa modestie: ni colorant, ni conservateur, ni bulles! En apparence figé, froid et distant, il ne déçoit jamais. Un Dry Martini réussi acquiert une dimension philosophique. Il distingue le moment présent du prochain, détermine notre gestuelle, nous contraint à baisser la voix, donne une certaine ampleur à nos histoires et nous fait venir le sourire aux lèvres. Je l'ai vu flotter au-dessus de la musique de Debussy. Je l'ai vu scintiller sur les comptoirs des bars, entre les lumières tamisées et les airs de jazz, je l'ai observé entre les doigts subtils de femmes voluptueuses se laissant aller au rythme de la bossa-nova. C'est une véritable femme fatale dans un verre glacé. Et, croyez-moi, quelque chose qu'il ne faut jamais secouer mais remuer délicatement.

Pour réaliser un Dry Martini qui justifiera cette description, voici la marche à suivre:

Assurez-vous que vous avez à portée de main les ingrédients nécessaires : du gin Bombay Sapphire, du Noilly Prat, des olives et des piques en bois, un verre à mélange, une cuillère à mélange, une passoire à cocktail, des glaçons froids et secs, ainsi que, bien entendu, les verres adéquats.

• Les verres à cocktail doivent être parfaitement givrés. Vérifiez que vous en avez suffisamment au congélateur. Si ce n'est pas le cas, givrez chaque verre en le remplissant de glaçons et en le laissant reposer quelques instants.

• Rincez les olives et enfilez-les sur les piques.

• Remplissez le verre à mélange de glaçons aux trois quarts et posez-le devant vous.

• Versez 15 ml (½ oz) de vermouth par verre et remuez 10 secondes avec la cuillère à mélange.

• En vous aidant de la passoire à cocktail pour retenir les glaçons, versez le vermouth dans l'évier.

• Dans le même verre à mélange, versez 60 ml (2 oz) de gin par verre et remuez délicatement 10 secondes.

• Videz les verres à cocktail de leurs glaçons, placez la passoire sur le verre à mélange et remplissez-les le plus vite possible.

• Ne frappez jamais un Martini : remuez toujours délicatement et passez rapidement pour éviter de le diluer. Vous n'êtes pas obligé de respecter ces consignes, sauf si vous servez 007 en personne...

Martini pomme verte

Gouleyant et un peu amer.

45 ml (1 ½ oz) de vodka Grey Goose
20 ml (⅔ oz) de liqueur de pomme
1 pomme verte
1 trait de sirop de sucre
+ 1 morceau de fruit frais

Pelez la pomme, coupez-la en huit et mettez-la dans le verre à mélange. Pilez, puis ajoutez des glaçons et les autres ingrédients. Frappez et passez dans un grand verre à cocktail givré. Garnissez d'un morceau de fruit frais.

Martini expresso

Ce mélange sombre est une véritable décharge d'adrénaline dans un verre !

45 ml (1 ½ oz) de vodka à la vanille
20 ml (⅔ oz) de Kahlua
45 ml (1 ½ oz) d'expresso fraîchement
  préparé

Mettez des glaçons dans le shaker et versez les ingrédients par-dessus. Frappez énergiquement et passez dans un verre à cocktail.

Cosmopolitan Martini

Onctueux, sensuel et riche en vitamine C.

45 ml (1 ½ oz) de vodka Grey Goose
20 ml (⅔ oz) de Cointreau
20 ml (⅔ oz) de jus de citron vert
45 ml (1 ½ oz) de jus de canneberge
+ 1 rondelle de citron vert

Mettez des glaçons dans le shaker et versez les ingrédients par-dessus. Frappez énergiquement et passez dans un verre à cocktail. Garnissez d'une rondelle de citron vert.

Martini Red Tie

Agréable à toute heure.

45 ml (1 ½ oz) de rhum blanc Bacardi
10 ml (⅓ oz) de Noilly Prat
+ 3 framboises

Procédez comme pour le Dry Martini classique et garnissez le verre de trois framboises enfilées sur une pique en bois.

Martini framboise

Tonique et – un tout petit peu – trop enivrant.

60 ml (2 oz) de vodka Grey Goose
6 framboises
1 trait de bitter orange
1 trait de crème de framboise
+ 3 framboises

Mettez six framboises et les autres ingrédients dans le shaker. Pilez l'ensemble, puis ajoutez de la glace. Frappez énergiquement et passez dans un grand verre à cocktail givré. Garnissez de trois framboises.

Vous pouvez titiller vos papilles en confectionnant des martinis avec des fruits divers, comme les cerises, le melon, la pastèque ou la pêche. Utilisez de la vodka comme base et procédez comme ci-dessus. Levez votre verre à l'été et prenez le temps de savourer votre cocktail.

Forêt noire

Un conte de fées dans un verre (à ne pas confondre avec le gâteau du même nom...).

60 ml (2 oz) de rhum Bacardi ambré
45 ml (1 ½ oz) de pur jus de cassis
10 ml (⅓ oz) de jus de citron
20 ml (⅔ oz) de sirop de sucre

Frappez énergiquement et passez dans un grand verre à cocktail givré.

aux fruits

Les températures grimpent et, parallèlement, votre énergie s'amenuise... La paresse et les plaisirs prennent alors des allures de vertus. Armez-vous d'un parasol, d'une chaise longue et installez-vous confortablement avec un long drink bien frappé. J'ai sélectionné pour ce chapitre des classiques, des boissons fruitées, crémeuses ou aux notes exotiques de noix de coco. Ces mixtures, sous quelque forme que ce soit, n'ont d'autre but que de mettre vos sens en éveil. Un conseil : ne les sous-estimez pas ; si leur nom dévoile leurs caractéristiques, il ne laisse en rien entrevoir leur véritable potentiel.

Bonne chance...

Sea Breeze

Ce long drink rafraîchissant pourrait bien vous faire dresser les cheveux sur la tête.

45 ml (1 ½ oz) de vodka
60 ml (2 oz) de jus de canneberge
60 ml (2 oz) de jus de pamplemousse
+ 1 twist de citron

Dressez directement dans un tumbler rempli de glace. Garnissez d'un twist de citron.

Salty Dog

Littéralement « chien salé » : merci de m'avertir si vous en croisez un...

45 ml (1 ½ oz) de vodka
45 ml (1 ½ oz) de jus de pamplemousse
+ ½ rondelle de pamplemousse
+ ½ rondelle d'orange

Plongez le bord humecté d'un tumbler dans du sel pour le givrer. Remplissez-le de glace, versez la vodka et le jus de fruit, puis mélangez. Garnissez de demi-rondelles de pamplemousse et d'orange.

Bay Breeze

Les cocktails « breeze » sont généralement légers et merveilleusement rafraîchissants. Ils sont à base de vodka, de jus de canneberge, d'ananas, de pamplemousse. Celui-ci évoque une douce brise dans un verre et se déguste aux heures les plus chaudes de l'été !

45 ml (1 ½ oz) de vodka
60 ml (2 oz) de jus de canneberge
60 ml (2 oz) de jus d'ananas
+ 1 twist de citron

Dressez directement dans un tumbler rempli de glace. Garnissez d'un twist de citron.

Blue Lagoon

J'aime à penser que ce cocktail tient son nom du fameux roman de De Vere Stacpoole qui raconte l'histoire d'un garçon et d'une fille perdus sur une île au milieu de nulle part.

45 ml (1 ½ oz) de vodka
20 ml (⅔ oz) de curaçao bleu
De la limonade ou du Sprite pour allonger
+ 1 rondelle de citron

Dressez directement dans un tumbler rempli de glace. Garnissez d'une rondelle de citron.

Mykonos

Un petit voyage d'été au cœur de cette légendaire île grecque… vous plongera dans le bain. Mykonos est le paradis des bars (classiques et de plage), des restaurants et des night-clubs, où les nuits se prolongent jusqu'au petit jour. Si vous voulez voir et être vu, rendez-vous au *Paradise Beach*, au *Caprice Bar* ou encore au *Pierros Bar*, célèbre dans le monde entier.

10 ml (⅓ oz) de vodka
10 ml (⅓ oz) de rhum Bacardi supérieur
10 ml (⅓ oz) de gin
10 ml (⅓ oz) de curaçao bleu
45 ml (1 ½ oz) de jus de citron vert
De la limonade ou du Sprite pour allonger
+ 1 rondelle d'orange

Frappez énergiquement tous les ingrédients (sauf le soda), puis passez dans un grand verre à vin rempli de glace. Allongez avec du soda et garnissez d'une rondelle d'orange.

Ti-Punch

Pour les chaudes journées d'été, voilà de quoi vous donner du... punch !

45 ml (1 ½ oz) de rhum Bacardi supérieur
1 citron vert
5 ml (1 c. à thé) de sucre roux
Du soda pour allonger

Mettez le sucre dans un verre à whisky. Coupez le citron en quartiers, pressez-le et mettez les morceaux dans le verre. Pilez avec le sucre. Versez le rhum, ajoutez de la glace pilée et allongez avec du soda. Mélangez et servez.

Mai Tai

Ce breuvage dont il existe plusieurs variantes – j'en connais sept – a été mis au point en 1944 dans un restaurant de cuisine polynésienne d'Oakland, en Californie. En tahitien, *mai tai* signifie « bon » ; je peux simplement affirmer que ce cocktail porte bien son nom.

20 ml (⅔ oz) de rhum Bacardi ambré
20 ml (⅔ oz) de rhum Bacardi supérieur
10 ml (⅓ oz) de tequila
10 ml (⅓ oz) de curaçao orange
45 ml (1 ½ oz) de jus d'orange
45 ml (1 ½ oz) de jus de citron vert
1 trait d'Angostura bitters
1 trait de sirop de grenadine
+ 3 feuilles de menthe
+ 1 cerise rouge

Frappez énergiquement et passez dans un grand tumbler rempli de glace. Garnissez le verre de feuilles de menthe et d'une cerise rouge. Vous pouvez également mixer ce cocktail.

Je résiste à tout...
sauf à la tentation.

Oscar Wilde

Caipirinha

Caipirinha est dérivé du mot brésilien *caipira,* qui signifie « paysan ». Ce cocktail est cependant apprécié dans tous les milieux. Boisson nationale du Brésil, il accompagne parfaitement le rythme de la samba. Il est à base de cachaça, un alcool tiré du jus de canne (tandis que le rhum est tiré de la mélasse, qui reste après le raffinement du sucre).

60 ml (2 oz) de cachaça Sagatiba
½ citron vert
10 ml (2 c. à thé) de sucre roux

Coupez le citron vert en morceaux et mettez-le dans un tumbler avec le sucre. Pilez les ingrédients, puis remplissez le verre de glace pilée et versez la cachaça par-dessus. Mélangez bien et servez avec deux petites pailles noires.
Il existe deux autres variantes de la Caipirinha: la Caipiroska et la Caipirissima. La première est à base de vodka (au lieu de cachaça) et la seconde à base de rhum blanc. Procédez comme pour la Caipirinha. Vous pouvez également réaliser une version fruitée de ce cocktail en utilisant du pamplemousse, des fruits rouges et noirs ou du raisin.

Cuba libre

Un cocktail qui rassemble les foules dans un esprit de détente et de bonne camaraderie. Il a été créé dans les années 1900, lorsque les Cubains ont commencé à mélanger leur rhum avec le Coca-Cola fraîchement inventé par les Américains.

45 ml (1 ½ oz) de rhum Bacardi supérieur
10 ml (⅓ oz) de jus de citron vert
Du Coca-Cola pour allonger
+ 1 rondelle de citron

Dressez dans un tumbler rempli de glace et allongez avec du Coca-Cola. Mélangez et garnissez d'une rondelle de citron.

Ritz Old Fashioned

Un cocktail aux allures impériales qui vous enveloppera d'une atmosphère de luxe et de volupté... tant qu'il en restera dans le verre.

30 ml (1 oz) de bourbon
30 ml (1 oz) de Grand Marnier
20 ml (⅔ oz) de jus de citron
+ 1 rondelle d'orange
+ 1 cerise confite

Humectez le bord d'un grand tumbler et givrez-le avec du sucre. Remplissez-le de glace pilée. Frappez tous les ingrédients, puis passez dans le verre. Garnissez d'une rondelle d'orange et d'une cerise confite.

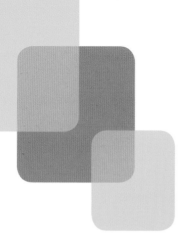

Limonade Lynchburg

Ce cocktail doit son nom à la fameuse distillerie de Lynchburg, située dans le Tennessee, aux États-Unis, lieu de production du célèbre bourbon de la marque Jack Daniel's.

45 ml (1 ½ oz) de Jack Daniel's
20 ml (⅔ oz) de triple sec
45 ml (1 ½ oz) de sweet & sour mix ou de jus de citron vert sucré
De la limonade ou du Sprite pour allonger
+ 1 rondelle d'orange
+ 1 cerise rouge

Frappez vigoureusement et versez dans un grand verre à vin rempli de glace pilée. Allongez avec de la limonade ou du Sprite. Garnissez d'une rondelle d'orange et d'une cerise rouge.

Long Island Ice Tea

Cette composition tonique et rafraîchissante a vu le jour sous la Prohibition. Elle présente donc toutes les apparences d'un thé glacé ordinaire (pour contourner la loi) et tient son nom de l'île new-yorkaise.

10 ml (⅓ oz) de gin
10 ml (⅓ oz) de vodka
10 ml (⅓ oz) de tequila gold
10 ml (⅓ oz) de rhum Bacardi supérieur
10 ml (⅓ oz) de triple sec
45 ml (1 ½ oz) de sweet & sour mix ou de jus de citron vert sucré
Du Coca-Cola pour allonger
+ 1 twist de citron

Dressez directement dans un tumbler rempli de glace et allongez avec du Coca-Cola. Garnissez d'un twist de citron.

Sachant que le Coca-Cola ne fait pas toujours l'unanimité, voici deux variantes : le Long Beach Ice Tea, que l'on allonge de jus de canneberge, et le Long Island Lemonade, que l'on complète avec de la limonade. Procédez comme pour le Long Island Ice Tea.

Campari soda

Un classique à base d'un célèbre bitter...

45 ml (1 ½ oz) de Campari
Du soda pour allonger
+ 2 rondelles de citron

Versez directement dans un tumbler rempli de glace et allongez avec du soda. Garnissez de deux rondelles de citron.

Blood and Sand

Je ne suis pas sûr que vous voulez vraiment connaître l'histoire du nom de ce cocktail...

30 ml (1 oz) de gin
20 ml (⅔ oz) de Campari
Du jus d'orange pour allonger
+ 2 rondelles de citron

Dressez directement dans un tumbler rempli de glace et allongez avec du jus d'orange. Décorez de deux rondelles de citron.

Americano

Créé en Italie dans les années 1860 au bar de Gaspare Campari, ce cocktail était initialement connu sous le nom de Milano-Torino (Milan-Turin), faisant référence aux lieux d'origine de ses deux principaux ingrédients. En effet, le Campari est une fabrication milanaise, le vermouth étant quant à lui un produit turinois. Cependant, au début du XXe siècle, les Italiens, remarquant que ce cocktail avait la faveur des Américains, le rebaptisèrent Americano.

30 ml (1 oz) de Campari
10 ml (⅓ oz) de Martini rouge
Du soda pour allonger
+ 1 rondelle d'orange

Dressez directement dans un tumbler garni de glace et allongez avec du soda. Garnissez d'une rondelle d'orange.

Mojito

Célèbre pour avoir reçu le prix Nobel de littérature, Ernest Hemingway était aussi connu pour ses talents d'écrivain que pour son art de vivre. Il avait la passion de la tauromachie, des voyages, de la pêche, et ne dédaignait pas – bien au contraire – les plaisirs de la table, toujours en bonne compagnie, cela va de soi. Cuba, qui l'a inspiré pour son célèbre roman *Le Vieil Homme et la mer*, est aussi le lieu où fut inventé le Mojito au xixe siècle.

La *Bodeguita Del Medio* et *El Floridita* étaient deux bars de La Havane où Hemingway avait ses habitudes. Il y passait de longs moments avec des amis, à fumer d'énormes cigares et toujours à l'écoute d'éventuelles histoires intéressantes – tout en sirotant force Mojitos. L'histoire dit qu'il avait une telle emprise sur ces lieux qu'il pouvait en faire éjecter en quelques secondes quiconque lui déplaisait!

45 ml (1 ½ oz) de rhum Bacardi supérieur
Le jus d'½ citron
20 ml (⅔ oz) de sirop de sucre ou
   10 ml (2 c. à thé) de sucre roux
6 à 8 feuilles de menthe
Du soda ou de l'eau plate pour allonger

Pour réaliser un Mojito à la manière cubaine, procédez sur un rythme de cha-cha-cha :
• Dans un grand tumbler, mettez le sirop de sucre ou le sucre, le jus de citron et la menthe.
• Pilez pendant quelques instants.
• Ajoutez de la glace pilée, puis versez le rhum.
• Allongez avec du soda ou de l'eau plate.
• Tout en protégeant le haut du verre avec la main, remuez énergiquement avec une cuillère à mélange. Garnissez d'un twist de citron.

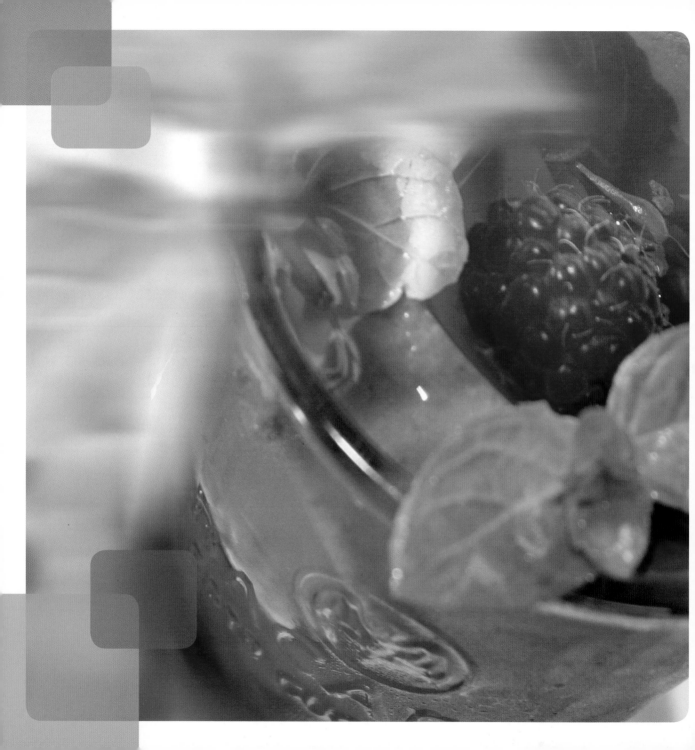

Razz Mojito

Une variante robuste et chaleureuse du précédent.

60 ml (2 oz) de Bacardi Razz
6 feuilles de menthe
Le jus d'½ citron
5 ml (1 c. à thé) de sucre roux
6 à 8 framboises
Du soda ou de l'eau plate pour allonger
+ 2 framboises
+ 1 rondelle de citron
+ 2 feuilles de menthe

Dans un tumbler, pilez six feuilles de menthe, le sucre, le jus de citron et les framboises. Remplissez
le verre de glace pilée, ajoutez le rhum et allongez
avec du soda ou de l'eau plate. Tout en protégeant
le haut du verre avec la main, remuez énergiquement avec une cuillère à mélange. Garnissez de
deux framboises, d'une rondelle de citron et de
deux feuilles de menthe.

Very Berry

Délicieusement fruité, comme son nom l'indique.

30 ml (1 oz) de Bacardi Razz
30 ml (1 oz) de Bacardi Black
45 ml (1 ½ oz) de jus de pomme
Le jus d'½ orange
4 baies rouges

Frappez tous les ingrédients et passez dans un
tumbler contenant de la glace pilée et des baies
rouges. Remuez énergiquement avec une cuillère à
mélange et servez.

Kyoto

Un Kyoto se doit d'être équilibré : « ni trop sucré, ni trop amer », comme le décrivait Roar Hildonen, qui, en 1993, a remporté avec son cocktail Bar Rom Rose la célèbre compétition internationale de fabrication de cocktails, « Fancy Cocktails », organisée en France. J'ai passé d'excellents moments en sa compagnie, à discuter avec enthousiasme de notre passion commune. Roar Hildonen est incontestablement passé maître dans l'art de la mixologie. Il a créé le Kyoto à l'automne 2000 dans sa *Kontoret Bar Brasseri* située à Trondheim, en Norvège.

60 ml (2 oz) de gin Bombay Sapphire
30 ml (1 oz) de jus de citron
20 ml (⅔ oz) de sirop de sucre
10 ml (⅓ oz) de sirop de fruit de la Passion
6 feuilles de menthe
+ 1 rondelle de citron
+ 2 feuilles de menthe

Frappez et passez dans un grand tumbler. Allongez avec de la glace pilée. Garnissez d'une rondelle de citron et de deux feuilles de menthe.

GP Martini

Cette boisson santé a été concoctée par une jolie barwoman blonde répondant au doux nom de Kari, alors qu'elle officiait au *Bar Vivaldi* de Trondheim, en Norvège. Avis aux amateurs de cocktails toniques !

45 ml (1 ½ oz) de vodka à la vanille
20 ml (⅔ oz) de Cointreau
20 ml (⅔ oz) de jus de citron vert
20 ml (⅔ oz) de sirop de sucre
+ 1 rondelle d'ananas frais
+ 1 rondelle de gingembre

Mettez tous les ingrédients dans le shaker. Pilez bien, puis ajoutez des glaçons. Frappez énergiquement et passez dans un grand verre à cocktail givré. Garnissez d'une rondelle d'ananas et d'une rondelle de gingembre.

Singapore Sling

Ce célèbre cocktail a été créé à la fin du siècle dernier au *Raffles*, célèbre hôtel de Singapour, par un barman chinois du nom de Ngiam Tong Boon. On peut voir au musée de l'hôtel le coffre-fort dans lequel M. Tong rangeait ses précieux carnets de recettes, ainsi qu'une serviette sur laquelle un visiteur avait rapidement noté en 1936 les proportions de la mythique mixture, obtenue d'un serveur. Les Thaïs, qui préfèrent leur Singapore Sling garni d'une tranche de melon, le savourent devant les matchs de boxe thaïe, leur sport national.

30 ml (1 oz) de gin Bombay Sapphire
10 ml (⅓ oz) de Bénédictine
10 ml (⅓ oz) de Cointreau
120 ml (4 oz) de jus d'ananas
Le jus d'¼ de citron vert
20 ml (⅔ oz) de sirop de grenadine
1 trait d'Angostura bitters
+ 1 rondelle d'ananas

Frappez et versez dans un verre tulipe. Garnissez d'une rondelle d'ananas.

Raffles Singapore Sling

Ce cocktail tient son nom du célèbre hôtel *Raffles* de Singapour – élégante bâtisse de style colonial ainsi nommée en hommage à sir Stamford Raffles – où il a été créé. Le *Raffles* était le refuge préféré de Charlie Chaplin et d'Elizabeth Taylor, qui adoraient venir s'y reposer, coupés du reste du monde.

30 ml (1 oz) de gin Bombay Sapphire
10 ml (⅓ oz) de Bénédictine
10 ml (⅓ oz) de Cointreau
20 ml (⅔ oz) de jus de citron vert
60 ml (2 oz) de jus d'orange
60 ml (2 oz) de jus d'ananas
20 ml (⅔ oz) de sirop de grenadine
1 trait de sirop de sucre
+ 1 quartier de melon

Frappez et versez dans un verre tulipe rempli de glaçons. Garnissez d'un beau quartier de melon.

San Francisco

Tout droit venu de Cisco, réputé pour ses brouillards d'été rafraîchissants, ses collines ondoyantes, son célèbre pont et son extraordinaire architecture, ce cocktail est un véritable tremblement de terre dans un verre !

20 ml (⅔ oz) de vodka
10 ml (⅓ oz) de liqueur de banane
10 ml (⅓ oz) de liqueur de cerise
120 ml (4 oz) de jus d'orange
+ 1 rondelle d'orange

Frappez puis passez dans un grand verre à vin ou un verre tulipe rempli de glaçons. Garnissez d'une rondelle d'orange.

Sex on the Beach

À essayer absolument pendant un flirt, en faisant attention aux envahisseurs...

30 ml (1 oz) de vodka
10 ml (⅓ oz) de liqueur de pêche
1 trait de sirop de grenadine
120 ml (4 oz) de jus d'orange
+ 1 rondelle d'orange
+ 1 cerise

Frappez et passez dans un tumbler rempli de glaçons. Garnissez d'une rondelle d'orange et d'une cerise.

Acapulco

Le péché mignon de Frank Sinatra!

30 ml (1 oz) de rhum Bacardi brun
10 ml (⅓ oz) de tequila
120 ml (4 oz) de jus d'ananas
20 ml (⅔ oz) de crème de coco
+ 1 rondelle d'ananas
+ 1 cerise confite

Frappez et passez dans un verre tulipe ou un grand verre à vin rempli de glaçons. Garnissez d'une rondelle d'ananas et d'une cerise confite piquée sur un petit parasol.

Snowball

En vacances à Mykonos, j'ai fait la connaissance d'une belle Hollandaise dans un bar appelé *Caprice*, situé dans la « Petite Venise ». Elle s'y connaissait manifestement en alcools. C'est elle qui m'a appris que le Snowball – mixture riche et crémeuse, s'il en est – était la boisson que les élégantes et séduisantes vieilles dames de son pays offraient aux jeunes hommes pour les séduire. Un homme averti...

30 ml (1 oz) de vodka
20 ml (⅔ oz) d'advocaat
20 ml (⅔ oz) de jus de citron vert ou de Rose's Lime Cordial
De la limonade pour allonger
+ 1 fraise

Dressez dans un verre tulipe rempli de glaçons. Allongez avec de la limonade et remuez avec une cuillère à mélange. Garnissez d'une fraise.

Arizona Cooler

Aussi sec que les déserts de l'État en question !

45 ml (1 ½ oz) de gin Bombay Sapphire
60 ml (2 oz) de jus de canneberge
60 ml (2 oz) de jus de pamplemousse
+ 1 twist de citron

Dressez directement dans un tumbler rempli de glaçons. Garnissez d'un twist de citron.

Watermelon

J'ai créé ce cocktail, qui évoque par sa couleur et sa fraîcheur une pastèque glacée, à Haldiki en 1991. Il s'est imposé comme la boisson la plus demandée au *Limit Bar* de l'île de Kos dès l'été 1995. Un succès non démenti à ce jour.

30 ml (1 oz) de rhum Bacardi supérieur
10 ml (⅓ oz) de gin
10 ml (⅓ oz) de Malibu
10 ml (⅓ oz) de schnaps à la pêche
60 ml (2 oz) de jus d'orange
60 ml (2 oz) de jus d'ananas
30 ml (1 oz) de sirop de grenadine
+ 1 triangle de pastèque

Frappez énergiquement et versez dans un grand verre à vin. Garnissez d'un triangle de pastèque.

Love Bite

Aussi mordant que son nom le laisse entendre !

30 ml (1 oz) de rhum Bacardi supérieur
20 ml (⅔ oz) d'advocaat
100 ml (3 ½ oz) de jus d'orange
20 ml (⅔ oz) de sirop de grenadine
+ 1 rondelle d'orange
+ 1 cerise confite

Frappez et versez dans un tumbler garni de glaçons. Garnissez d'une rondelle d'orange et d'une cerise confite.

Screwdriver

L'histoire veut que ce classique ait été inventé par un ouvrier du pétrole qui remuait son cocktail avec son tournevis (*screwdriver* en anglais)!

45 ml (1 ½ oz) de vodka
120 ml (4 oz) de jus d'orange
+ 1 rondelle d'orange

Dressez directement dans un tumbler rempli de glace. Garnissez d'une rondelle d'orange.

Harvey Wallbanger

Ce cocktail tient son nom d'un surfeur californien très dynamique qui, après une défaite subie lors d'une compétition, aurait noyé sa déception avec. On dit même qu'il quittait souvent le bar comme s'il était ballotté par les vagues!

45 ml (1 ½ oz) de vodka
120 ml (4 oz) de jus d'orange
1 trait de Galliano
+ 1 rondelle d'orange
+ 1 cerise confite

Dressez dans un tumbler rempli de glaçons et ajoutez un trait de Galliano. Garnissez d'une rondelle d'orange et d'une cerise confite.

Sexual Feeling

Tout de vert vêtu, avec des notes de menthe, ce cocktail est peu commun mais incontestablement efficace !

20 ml (⅔ oz) de gin Bombay Sapphire
10 ml (⅓ oz) de Martini blanc
10 ml (⅓ oz) de crème de menthe
120 ml (4 oz) de jus d'ananas
+ 1 rondelle d'ananas
+ 1 cerise

Frappez énergiquement et passez dans un verre tulipe rempli de glaçons. Garnissez d'une rondelle d'ananas et d'une cerise.

Orange Blossom

Un coup de pompe ? Ce cocktail simple mais racé vous remettra d'aplomb.

45 ml (1 ½ oz) de gin Bombay Sapphire
120 ml (4 oz) de jus d'orange
+ 1 rondelle d'orange
+ 1 cerise confite

Dressez dans un tumbler rempli de glaçons. Garnissez d'une rondelle d'orange et d'une cerise confite.

Horse's Neck

Mis au point dans les années 1890, ce cocktail ne comportait pas d'alcool à l'origine, mais on le prépare aujourd'hui avec du brandy ou du bourbon. C'est par ailleurs le cocktail officiel d'IBM. Aussi plaisant à boire qu'à réaliser, il est également très rafraîchissant !

45 ml (1 ½ oz) de bourbon
Du ginger ale pour allonger
Le zeste d'1 citron d'un seul tenant

Mettez le zeste dans un tumbler rempli de glace. Ajoutez le bourbon et allongez avec du ginger ale.

Moscou Mule

Un cocktail créé par Jack Morgan, propriétaire de la *Cock N Bull Tavern*, un bar situé sur Sunset Boulevard à Los Angeles. Précisons que cette boisson n'a de la mule que le nom...

45 ml (1 ½ oz) de vodka
45 ml (1 ½ oz) de jus de citron vert
Du ginger ale pour allonger
+ 1 rondelle de citron
+ 1 bâtonnet de concombre

Dressez dans un tumbler rempli de glaçons et allongez avec du ginger ale. Garnissez d'une rondelle de citron et d'un bâtonnet de concombre.

Tropical Dream

Une seule gorgée de cette boisson vous transportera instantanément sous les tropiques. Elle est très prisée des dames, vous pouvez m'en croire !

45 ml (1 ½ oz) de rhum Bacardi supérieur
20 ml (⅔ oz) de sirop de grenadine
60 ml (2 oz) de jus d'orange
60 ml (2 oz) de jus d'ananas
10 ml (⅓ oz) de curaçao bleu
Un peu de soda
+ 2 rondelles de citron
+ 1 cerise confite

Dressez directement dans un verre tulipe rempli de glaçons. Versez délicatement le sirop de grenadine, afin qu'il se dépose au fond du verre. Ajoutez les jus de fruits et le rhum, garnissez de rondelles de citron et d'une cerise confite présentée au bout d'une pique ou d'un parasol. Mélangez ensuite le curaçao avec un peu de soda et versez délicatement pour créer une couche distincte.

Turquoise Blue

Voici de quoi revivre la célèbre scène du film *Cocktail*.

20 ml (⅔ oz) de rhum Bacardi supérieur
10 ml (⅓ oz) de Cointreau
10 ml (⅓ oz) de curaçao bleu
45 ml (1 ½ oz) de sweet & sour mix
+ 1 trait de limonade ou de Sprite

Frappez énergiquement et passez dans un verre à Margarita givré. Ajoutez un trait de limonade.

Tequila Sunrise

L'histoire de ce cocktail est intéressante. Un barman mexicain était resté sur son lieu de travail après la fermeture pour expérimenter des mixtures nouvelles. Le lendemain matin, le propriétaire de l'établissement arriva sur les lieux pour l'ouverture. Lorsqu'il entrebâilla la porte, les rayons du soleil illuminèrent le corps du barman, comateux, avachi sur son bar, fin saoul pour tout dire... La dernière boisson qu'il avait réalisée avant de sombrer était le célèbre Tequila Sunrise, dont la recette suit. Ce classique évoque incontestablement un superbe lever de soleil...

45 ml (1 ½ oz) de tequila gold
120 ml (4 oz) de jus d'orange
20 ml (⅔ oz) de sirop de grenadine
+ 1 rondelle d'orange

Dressez dans un grand tumbler garni de glaçons, en versant délicatement le sirop de grenadine afin qu'il glisse au fond du verre. Garnissez d'une belle rondelle d'orange.

Slippery Nipple

On peut s'interroger sur la sobriété de ceux qui ont inventé le nom de ce cocktail (traduction littérale, « mamelon glissant »).

30 ml (1 oz) de rhum Bacardi supérieur
10 ml (⅓ oz) de Malibu
60 ml (2 oz) de jus d'orange
60 ml (2 oz) de jus d'ananas
20 ml (⅔ oz) de sirop de grenadine
+ 1 rondelle d'ananas
+ 1 cerise confite

Frappez énergiquement et versez dans un verre tulipe ou dans un tumbler. Garnissez d'une rondelle d'ananas et d'une cerise confite.

Cocktails fruités

et frappés

La Thaïlande, le Brésil, le Mexique, les Caraïbes et de nombreuses autres destinations « soleil et plage » désormais à la mode ont (r) éveillé en nous le virus des voyages. Ces pays évoquent la chaleur, la mer d'un bleu limpide où évoluent des poissons tropicaux multicolores, les plages de sable blanc où l'on marche pieds nus, les hamacs où l'on se laisse bercer par le vent en lisant un bon livre, les repas simples et savoureux... et les cocktails. Bref, ils symbolisent pour beaucoup d'entre nous le paradis sur terre. Leur climat tropical, qui favorise la culture toute l'année de fruits exotiques, semble y avoir inspiré la création de boissons du même métal dont la réputation n'est plus à faire.

Pour la réalisation de ces cocktails, un mixeur sera particulièrement utile. Choisissez-en un de bonne qualité, car vous l'utiliserez plus souvent qu'à son tour! En vous fiant à votre intuition, expérimentez avec la plus grande liberté les ingrédients: fruits frais, glaces, sorbets et alcools divers. J'ai sélectionné pour ce chapitre quelques cocktails santé excellents. Important: pour obtenir le meilleur résultat, employez toujours des produits de la plus grande fraîcheur, que vous mixerez avec de la glace pilée jusqu'à obtention d'un mélange lisse. Servez dans de grands verres à vin ou dans des verres à Margarita, avec deux pailles noires, et garnissez en fonction du contenu. Amusez-vous et n'hésitez pas à innover!

Margarita fraise

Preuve s'il en est que le mariage de la fraise et de la tequila est une merveilleuse réussite.

45 ml (1 ½ oz) de tequila gold
20 ml (⅔ oz) de Cointreau
20 ml (⅔ oz) de jus de citron vert
20 ml (⅔ oz) de sirop de sucre
100 g (½ tasse) de fraises
1 c. à soupe de glace pilée
+ 3 feuilles de menthe

Humidifiez le bord d'un verre à Margarita avec une fraise avant de le givrer avec du sucre. Mixez les ingrédients et la glace pilée jusqu'à consistance souple et dressez dans le verre. Garnissez de feuilles de menthe fraîche.

Mexican Runner

Voici un excellent remontant, qui vous apportera une nouvelle jeunesse en cas de fatigue.

45 ml (1 ½ oz) de tequila
20 ml (⅔ oz) de rhum Bacardi noir
20 ml (⅔ oz) de jus de citron vert
20 ml (⅔ oz) de sirop de sucre
100 g (½ tasse) de fraises
1 c. à soupe de glace pilée

Mixez tous les ingrédients et dressez dans un verre à Margarita.

Banana Colada

Un de mes favoris, à savourer glacé.

45 ml (1 ½ oz) de rhum Bacardi supérieur
10 ml (⅓ oz) de Malibu
10 ml (⅓ oz) de liqueur de banane
½ banane
45 ml (1 ½ oz) de jus d'ananas
1 c. à soupe de glace pilée

Mixez tous les ingrédients et dressez dans un verre à Margarita.

Strawberry Colada

Un cœur de boisson aux parfums des tropiques.

45 ml (1 ½ oz) de rhum Bacardi supérieur
20 ml (⅔ oz) de Malibu
45 ml (1 ½ oz) de jus d'ananas
45 ml (1 ½ oz) de half & half (mélange
   lait-crème épaisse)
100 g (½ tasse) de fraises
45 ml (1 ½ oz) de sirop de fraise
1 c. à soupe de glace pilée

Mixez tous les ingrédients et dressez dans un verre à Margarita.

Amaretto Frost

Un délice, ce cocktail glacé aux arômes d'amande.

60 ml (2 oz) d'amaretto
60 ml (2 oz) de jus d'ananas
45 ml (1 ½ oz) de jus d'orange
1 c. à soupe de crème de coco
2 c. à soupe de glace pilée

Mixez tous les ingrédients et dressez dans un verre à Margarita.

Daiquiri frappé

Si vous n'aimez pas les cocktails trop fruités, essayez cette composition mise au point par Ernest Hemingway lui-même.

60 ml (2 oz) de rhum Bacardi supérieur
20 ml (⅔ oz) de jus de citron vert
20 ml (⅔ oz) de sirop de sucre
2 c. à soupe de glace pilée

Mixez tous les ingrédients et dressez dans un verre à Margarita.

Fruit Daiquiri

Cette recette peut être réalisée à base de banane, de fraise, de kiwi, de pêche ou de melon... vous avez l'embarras du choix.

60 ml (2 oz) de rhum Bacardi supérieur
20 ml (⅔ oz) de jus de citron vert
Fruits frais de votre choix
1 c. à soupe de glace pilée

Mixez tous les ingrédients et dressez dans un verre à Margarita.

Tutti Fruity

Dans ce cocktail, banane, fraise et rhum forment un trio gagnant.

45 ml (1 ½ oz) de rhum Bacardi supérieur
Le jus d'½ citron
½ banane
50 g (¼ tasse) de fraises
1 c. à soupe de glace pilée

Mixez tous les ingrédients et dressez dans un verre à Margarita.

Cocktails à base de glaces

...et sorbets

Ces cocktails sont des préparations riches, savoureuses et crémeuses auxquelles se mêlent liqueurs, glaces et sorbets divers. Ils seront appréciés des amateurs de crèmes glacées (dont je fais partie) et de ceux qui sont lassés des desserts classiques. Il va sans dire qu'ils marqueront vos papilles de manière indélébile. Conseils de préparation : ces mélanges doivent être mixés, puis servis dans de grands verres à vin ou dans des verres à Margarita, garnis de deux pailles noires, d'une fraise et de quelques feuilles de menthe.

Kahlua Hammer

Il suffit d'un de trop pour que ce « marteau » cogne dans votre tête !

30 ml (1 oz) de rhum Bacardi supérieur
30 ml (1 oz) de Kahlua
2 c. à soupe de glace à la vanille
½ c. à soupe de glace pilée

F.B.I.

(Frozen Black Irish)
Pour un espion ou un agent secret...

20 ml (⅔ oz) de vodka
20 ml (⅔ oz) de Kahlua
20 ml (⅔ oz) de Bailey's
2 c. à soupe de glace à la vanille
½ c. à soupe de glace pilée

Alexandre le Grand

Si vous pensez partir à la conquête du monde...

45 ml (1 ½ oz) de brandy
20 ml (⅔ oz) de crème de cacao
2 c. à soupe de glace à la vanille
½ c. à soupe de glace pilée
+ Cannelle en poudre

Cherry Vanilla

Une séduisante alliance de cerise et de vanille.

45 ml (1 ½ oz) de liqueur de cerise
20 ml (⅔ oz) de crème de cacao blanche
50 g (¼ tasse) de cerises
½ c. à soupe de glace à la vanille
½ c. à soupe de glace pilée

Peaches & Cream

Un jour, une jeune femme au visage bronzé armée d'un sourire prometteur est venue me trouver au bar. Se penchant avec grâce au-dessus du comptoir, elle m'a susurré à l'oreille qu'elle ressentait des papillonnements dans l'estomac après avoir savouré un Peaches & Cream. Je n'ai pas réussi à déterminer ce qui, de la pêche ou de la crème, lui avait fait un tel effet...

45 ml (1 ½ oz) de vodka
20 ml (⅔ oz) de liqueur de pêche
1 petite pêche
1 c. à soupe de glace à la vanille
½ c. à soupe de glace pilée

Piña Colada

Je doute que quiconque puisse jamais battre ce record : la préparation et le service, le même jour, de 258 Piña Coladas frappées au *Limit Bar*, sur l'île de Kos. C'était en 1995 !

45 ml (1 ½ oz) de rhum Bacardi supérieur
20 ml (⅔ oz) de Malibu
100 g (½ tasse) d'ananas frais
45 ml (1 ½ oz) de crème de coco
60 ml (2 oz) de jus d'ananas
45 ml (1 ½ oz) de half & half (mélange lait-crème épaisse)
1 c. à soupe de glace pilée

Golden Cadillac

Un classique de cocktail mousseux, aux notes de vanille et de cacao.

30 ml (1 oz) de Galliano
30 ml (1 oz) de crème de cacao blanche
2 c. à soupe de glace à la vanille
½ c. à soupe de glace pilée

Frozen Grasshopper

Un cocktail crémeux aux nuances de menthe.

30 ml (1 oz) de crème de menthe verte
30 ml (1 oz) de crème de cacao
2 c. à soupe de glace à la vanille
½ c. à soupe de glace pilée

Banana Delight

Une main de fer dans un gant de velours.

45 ml (1 ½ oz) de rhum Bacardi supérieur
20 ml (⅔ oz) de liqueur de banane
Le jus d'½ citron vert
2 c. à soupe de glace à la vanille
½ c. à soupe de glace pilée

Cocktails

chauds

Le café noir et le thé aromatisés n'ont jamais connu un tel succès. Ces boissons surprenantes, fumantes et chaudes constituent une excellente manière de terminer un bon repas. Servez-les dans des verres à Irish Coffee, dans des verres à whisky ou encore dans de grands verres à vin. Pour réaliser la crème fouettée, mélangez ou mixez de la glace pilée avec un mélange à parts égales de lait et de crème jusqu'à épaississement maximal de la préparation.

Irish Coffee

Les vols transatlantiques se sont généralisés dans les années 1940. Ces long-courriers exigeaient un plein à l'aéroport de Shannon, en Irlande. Pour réchauffer les passagers transis par le froid et la pluie, un barman travaillant au bar de l'aéroport eut l'idée de mélanger la boisson nationale – le whiskey – avec du café chaud et de garnir cette mixture de crème fouettée. Depuis, le succès de ce cocktail de noir et blanc vêtu ne s'est jamais démenti. La réussite d'un Irish Coffee tient à l'utilisation de vrai whiskey irlandais.

45 ml (1 ½ oz) de whiskey irlandais
250 ml (1 tasse) de café noir
3 c. à soupe de crème fouettée
2 c. à soupe de sucre roux
+ Cannelle en poudre

Mettez le sucre dans un verre à café ou dans un grand verre à vin rouge. Ajoutez le whiskey. Versez le café et mélangez doucement. Déposez ensuite délicatement des quenelles de crème à la surface de la mixture. Saupoudrez de cannelle et savourez sans tarder!

Notez que vous pouvez réaliser de nombreuses variantes de ce cocktail en remplaçant le whiskey irlandais par du bourbon (pour faire un American Coffee), du rhum (Carribean Coffee) ou du Tia Maria (Calypso Coffee).

Lumumba

Pour les « accros » au chocolat...

45 ml (1 ½ oz) de Metaxa (alcool grec)
250 ml (1 tasse) de chocolat chaud
3 c. à soupe de crème fouettée
1 c. à soupe de sucre roux
+ Chocolat en poudre

Mettez le sucre dans le verre à café ou dans un grand verre à vin rouge. Ajoutez le Metaxa, puis le chocolat chaud, et mélangez délicatement. Garnissez de crème fouettée et saupoudrez de chocolat en poudre.

Almond Tea

Une boisson savoureuse aux délicieuses notes d'amande.

45 ml (1 ½ oz) d'amaretto
250 ml (1 tasse) de thé à l'orange chaud
1 c. à soupe de miel ou de sucre roux
+ 1 rondelle d'orange

Mettez le miel ou le sucre dans un verre à whisky, ajoutez l'amaretto. Allongez avec le thé à l'orange et garnissez d'une rondelle d'orange.

Irish 49

Vous ne commanderez plus jamais un café crème classique après avoir dégusté ce cocktail !

20 ml (⅔ oz) de Bailey's
20 ml (⅔ oz) de Drambuie
250 ml (1 tasse) de café chaud
3 c. à soupe de crème fouettée
1 c. à soupe de sucre roux
+ Cannelle en poudre

Mettez le sucre dans un verre à café ou dans un grand verre à vin rouge. Ajoutez les spiritueux, puis le café. Mélangez délicatement. Garnissez de crème et saupoudrez de cannelle.

Café international

Une boisson royale au fruité doux, avec des notes de moka.

20 ml (⅔ oz) de Metaxa
10 ml (⅓ oz) de Galliano
10 ml (⅓ oz) de Kahlua
250 ml (1 tasse) de café chaud
3 c. à soupe de crème fouettée
2 c. à soupe de sucre roux
+ Cannelle en poudre

Mettez le sucre dans un verre à café ou dans un grand verre à vin rouge. Versez-y les alcools. Ajoutez le café et mélangez doucement jusqu'à dissolution du sucre. Garnissez de quenelles de crème. Saupoudrez de cannelle et servez.

Cocktails

" Boire est une forme de suicide
qui permet de renaître à la vie et
de recommencer le jour suivant. "

Charles Bukowski

on the rocks

Ces shorts drinks forts et virils satisferont ceux qui n'aiment pas particulièrement les arômes de jus de fruits ou de crème, tout en recherchant des boissons parfumées. Il s'agit de mélanges plutôt toniques de spiritueux, de liqueurs et de bitters, servis on the rocks.

Godfather

Un peu de sagesse, durement gagnée, dans un verre...

20 ml (⅔ oz) de whisky écossais
20 ml (⅔ oz) d'amaretto
+ 1 cerise confite

Dressez dans un verre à whisky rempli de glaçons. Garnissez d'une cerise confite.

Godmother

Encore une histoire de parenté... et de sagesse.

20 ml (⅔ oz) de Southern Comfort
20 ml (⅔ oz) d'amaretto
+ 1 rondelle d'orange
+ 1 cerise confite

Dressez dans un verre à whisky rempli de glace pilée. Garnissez d'une rondelle d'orange et d'une cerise confite.

Sicilian Kiss

Je ne connais rien de plus... meurtrier.

20 ml (⅔ oz) de vodka
20 ml (⅔ oz) d'amaretto
+ 1 cerise confite

Dressez dans un verre à whisky rempli de glaçons. Garnissez d'une cerise confite.

Rusty Nail

À défaut d'autre effet, ce cocktail vous calmera sans nul doute les nerfs. Il a été mis au point voici 87 ans au *Harry's New York Bar* de Paris.

20 ml (⅔ oz) de whisky écossais
20 ml (⅔ oz) de Drambuie
+ 1 cerise confite

Dressez dans un verre à whisky rempli de glaçons. Garnissez d'une cerise confite.

Cocktails

au champagne

Il est certainement plus noble de consommer le champagne nature, dans des flûtes longues et élégantes, mais certaines personnes aiment le mélange de cette noble et pétillante boisson avec certains spiritueux, liqueurs, bitters ou boissons à base de fruits. À leur intention, j'ai sélectionné ci-après quelques-uns des plus célèbres cocktails au champagne. Succès garanti pour les soirées en tout genre, pour terminer les longues journées d'été passées à paresser.

Kir royal

Un cocktail qui vous déroule un tapis rouge.

120 ml (4 oz) de champagne
45 ml (1 ½ oz) de crème de cassis

Versez le champagne dans une grande flûte à moitié remplie de glace pilée. Ajoutez la crème de cassis et remuez délicatement.

Bellini

Un classique très chic, pétillant, avec des notes de pêche, qui ne vous fera pas de mal – bien au contraire!

120 ml (4 oz) de champagne
45 ml (1 ½ oz) de purée de pêche
1 morceau de sucre blanc
½ c. à soupe de glace pilée
+ 1 fraise

Mixez la purée de pêche avec le sucre et la glace pilée, puis mettez le mélange dans une grande flûte à champagne. Versez le champagne et garnissez d'une fraise.

"

L'homme sage reste chez lui quand il est ivre.
Euripide

"

Grand Mimosa

Les généreuses saveurs du Grand Marnier font de ce cocktail un véritable régal.

120 ml (4 oz) de champagne
20 ml (⅔ oz) de Grand Marnier (étiquette rouge)
45 ml (1 ½ oz) de jus d'orange
+ 1 rondelle d'orange

Frappez le Grand Marnier et le jus d'orange. Passez-les dans une grande flûte à champagne. Versez le champagne et garnissez d'une rondelle d'orange.

Absolute

Hormis ce cocktail, rien n'est absolu, tout est relatif...

120 ml (4 oz) de champagne
20 ml (⅔ oz) de vodka Grey Goose
+ 1 fraise

Mettez la vodka dans une grande flûte à champagne remplie au tiers de glace pilée. Versez le champagne et garnissez d'une fraise.

French 75

Une boisson tonique et typiquement française.

120 ml (4 oz) de champagne
30 ml (1 oz) de cognac
20 ml (⅔ oz) de jus de citron
20 ml (⅔ oz) de sirop de sucre ou 1 c. à soupe de sucre blanc
+ 1 rondelle de citron

Frappez le cognac, le jus de citron et le sucre dans un shaker. Passez-les dans un grand verre à champagne. Versez le champagne et garnissez d'une rondelle de citron.

Buck's Fizz

Si vous voulez tout savoir de ce qui se dit en ville, faites le plein de champagne bien frappé et d'oranges. Le Buck's Fizz assurera immanquablement la réussite de vos soirées.

1 bouteille de champagne bien fraîche
Le jus de 8 oranges
2 c. à soupe de glace pilée

Mettez la glace pilée dans un pichet. Versez le champagne et le jus d'orange dessus. Mélangez bien et servez dans de grandes flûtes à champagne. Les proportions indiquées conviennent pour 5 à 7 personnes.

Champagne fraise

Certains réalisent ce cocktail avec du cognac; personnellement, je préfère cette version avec de l'amaretto.

120 ml (4 oz) de champagne
3 fraises
30 ml (1 oz) d'amaretto
4 gouttes d'Angostura bitters
2 morceaux de sucre blanc
½ c. à soupe de glace pilée
+ 3 ou 4 feuilles de menthe

Mettez les morceaux de sucre et les fraises dans une grande flûte à champagne. Ajoutez l'Angostura et pilez doucement. Ajoutez ensuite la glace pilée, puis l'amaretto. Mélangez doucement et versez le champagne. Garnissez de feuilles de menthe fraîche.

shooters

Les shooters ont la singulière aptitude d'atteindre le cerveau à la vitesse de l'éclair. Je vous suggère donc d'y aller doucement ou de prévoir un retour difficile! Ils sont confectionnés à base de spiritueux, liqueurs, jus, sirops, café chaud, crème. Les pousse-café sont des shooters forts et savoureux, composés de différentes sortes d'alcools et liqueurs. En vous aidant d'une cuillère à mélange, versez les ingrédients l'un après l'autre dans le shot en veillant à ne pas les mélanger; ils doivent former des couches distinctes.

Je rappelle aux amateurs de cocktails et aux habitués des bars que les shooters portent bien leur nom... car ils vous atteignent directement entre les deux yeux!

B-52

Préparez-vous à un décollage mouvementé.

Kahlua
Bailey's
Grand Marnier (étiquette jaune)

En vous aidant d'une cuillère à mélange, alternez des couches égales des trois alcools dans un shot, dans l'ordre indiqué, jusqu'à atteindre le bord du verre. Vous pouvez faire flamber le Grand Marnier une trentaine de secondes (éteignez ensuite la flamme). Attention aux lèvres !

Blow Job

C'est bon à tout moment.

20 ml (⅔ oz) de Kahlua
20 ml (⅔ oz) d'amaretto
De la crème fouettée

En vous aidant d'une cuillère à mélange, versez délicatement les liquides dans un shot en couches successives, dans l'ordre indiqué. Garnissez la surface de quenelles de crème fouettée.

Galliano Hot Shot

Une boisson crémeuse, avec un arrière-goût de vanille.

20 ml (⅔ oz) de Galliano
20 ml (⅔ oz) de café noir chaud
De la crème fouettée

Versez le Galliano dans un shot. En vous aidant d'une cuillère à mélange, versez délicatement le café afin qu'il forme une couche au-dessus. Garnissez la surface de quenelles de crème fouettée.

Deep Throat

À avaler sans s'étouffer...

20 ml (⅔ oz) de vodka
20 ml (⅔ oz) de Kahlua
De la crème fouettée

Versez les liqueurs en deux couches distinctes dans un shot. Garnissez la surface de quenelles de crème fouettée.

Roulette russe

Lequel réussira à vous atteindre ? Le premier verre, le deuxième, le troisième, ou faudra-t-il attendre le quatrième ?

20 ml (⅔ oz) de vodka
20 ml (⅔ oz) de Galliano
1 rondelle d'orange

Versez les alcools dans un shot. Humectez les bords du verre avec le pouce et l'index, puis givrez-le avec du sucre. Léchez le sucre, buvez votre verre d'un trait et mâchez la rondelle d'orange.

Melon Ball

Un cliché d'été avec une trace de melon.

20 ml (⅔ oz) de Midori
20 ml (⅔ oz) de vodka
20 ml (⅔ oz) de jus d'orange

Frappez et passez dans un shot. Vous pouvez aussi préparer un shaker entier de ce cocktail pour un petit groupe, en augmentant les proportions en fonction du nombre d'amateurs.

Diable au corps

L'une de mes créations, qui ravira les pécheurs devant l'Éternel !

20 ml (⅔ oz) de vodka
20 ml (⅔ oz) de Kahlua
20 ml (⅔ oz) de Cointreau
45 ml (1 ½ oz) de lait

En vous aidant d'une cuillère à mélange, versez délicatement les alcools en couches successives dans un verre à cocktail, dans l'ordre indiqué. Versez le lait dans un shot. Faites flamber le mélange d'alcools, puis plongez une paille dans le verre encore flambant et, tout en y versant le lait, dégustez rapidement la mixture. Amusement garanti !

Orgasmes multiples

Quiconque en nie l'existence n'a jamais goûté ce cocktail !

20 ml (⅔ oz) de tequila
20 ml (⅔ oz) de Kahlua
20 ml (⅔ oz) de Bailey's

En vous aidant d'une cuillère à mélange, versez délicatement les alcools en couches successives dans un shot, dans l'ordre indiqué.

Smoothies

Les cocktails ne doivent pas forcément être alcoolisés pour être tentants et savoureux. Les smoothies sont des cocktails santé à base de fruits frais, de jus, de boissons non alcoolisées, de yaourt et de glaces. Entièrement naturels, ils peuvent être appréciés à tout moment de la journée. Amateurs de boissons sans alcool, vous êtes à la bonne page ! Servez les smoothies dans de grands verres à vin rouge, dans des tumblers ou des verres tulipe, avec des pailles épaisses.

Lifesaver

Excellent cocktail tonique pour commencer la journée en fanfare !

60 ml (¼ tasse) de yaourt aromatisé au melon
90 ml (3 oz) de jus d'orange
5 ml (1 c. à thé) de crème de coco
5 ml (1 c. à thé) de miel
5 ml (1 c. à thé) de sorbet à l'orange
5 ml (1 c. à thé) de glace pilée
+ 1 rondelle d'ananas
+ 1 cerise confite

Mixez jusqu'à obtention d'un mélange lisse et versez dans un verre. Garnissez d'une rondelle d'ananas et d'une cerise confite.

Tropical Kick

Un long drink sans alcool, frappé et fruité. Quelle merveille !

60 ml (2 oz) de jus d'orange
60 ml (2 oz) de jus d'ananas
Le jus d'½ citron
1 c. à soupe de glace à la vanille
1 c. à soupe de glace pilée
+ 1 tranche de melon ou 1 rondelle d'ananas

Mixez jusqu'à obtention d'un mélange lisse et versez dans un verre. Garnissez d'une tranche de melon ou d'une rondelle d'ananas.

Olympic Grape

Une boisson décontractante et un « rince-cochon » efficace.

2 c. à soupe de sorbet à l'orange
100 g (½ tasse) de raisins noirs
1 c. à soupe de glace pilée
+ 1 rondelle de pamplemousse

Mixez jusqu'à obtention d'un mélange lisse et versez dans un verre. Garnissez d'une rondelle de pamplemousse.

Cranberry Cooler

Un excellent smoothie pour faire le plein de vita-mines et de minéraux. Santé assurée.

60 ml (2 oz) de jus de canneberge
45 ml (1 ½ oz) de jus de pamplemousse
Le jus d'½ citron
20 ml (⅔ oz) de jus de citron vert ou
  de Rose's Lime Cordial
1 c. à soupe de sorbet à l'orange
1 c. à soupe de glace pilée
+ 1 rondelle d'ananas

Mixez jusqu'à obtention d'un mélange lisse et versez dans un verre. Garnissez d'une rondelle d'ananas.

Frozen Ocean

Très léger, avec un arrière-goût un peu amer.

90 ml (3 oz) de jus de pomme
Le jus d'½ citron
1 c. à soupe de glace à la vanille
Du soda pour allonger
+ 1 rondelle d'orange

Mixez jusqu'à obtention d'un mélange lisse et versez dans un verre. Allongez avec du soda et garnissez d'une rondelle d'orange.

Heart Breaker

Un smoothie mis au point en hommage à Elvis Presley...

100 ml (3 ½ oz) de jus de canneberge
½ banane
20 ml (⅔ oz) de jus de citron vert ou
  de Rose's Lime Cordial
1 c. à soupe de sorbet à l'orange
+ 1 tranche de melon

Mixez jusqu'à obtention d'un mélange lisse et versez dans un verre. Garnissez d'une tranche de melon.

partie 3

et spiritueux

L'alcool évoque pour moi la variété des cultures et des traditions, la séduction des passions et des mythes, mais aussi des histoires plus sérieuses. Il a survécu aux révolutions, aux guerres, à la Prohibition, aux interdits des États et des religions. L'industrie des alcools telle que nous la connaissons aujourd'hui est l'aboutissement des efforts consentis par les civilisations qui ont contribué à son évolution.

Depuis des temps immémoriaux, le processus de fermentation est utilisé pour l'élaboration du vin à partir du raisin, mais il a fallu attendre le XIIe siècle pour que les Russes mettent au point la distillation d'alcools neutres fabriqués à partir de substances végétales telles que la pomme de terre, le seigle et le blé. Comme toutes les inventions importantes, celle-ci n'a pas tardé à faire le tour du monde et les différents pays ont élaboré leur propre système de distillation en fonction de leur agriculture et des produits dont ils disposaient. L'industrie moderne de l'alcool évoque davantage une forme d'art complexe qui relève de multiples facteurs, dont la qualité du sol, les matières premières, le climat, le savoir-faire des hommes, la technique et la mécanique.

L'alcool est indissociable des cérémonies. Les hommes en buvaient lors des sacrifices rituels, avant de partir à la guerre ou pour célébrer leurs victoires militaires. Et il est de toutes les fêtes, mariages, baptêmes, banquets... La plus extraordinaire fête de l'histoire est sans aucun doute celle que donna à Mayence en 1181 l'empereur germanique Frédéric Ier, dit Barberousse: quelque 40 000 chevaliers participaient aux réjouissances. Ils dormaient dans des tentes entourées de feux de camp au-dessus desquels on faisait rôtir à la broche des sangliers sauvages et des volailles. Des jongleurs, des acrobates et des ménestrels venus de contrées lointaines étaient là pour honorer et divertir la noble assistance. Tous mangèrent, dansèrent et burent des jours durant!

> La civilisation commence
> avec la distillation.
> William Faulkner

Dans les temps plus anciens, l'alcool était prisé pour ses vertus spirituelles et propitiatoires autant que parce qu'il permettait de s'évader d'un quotidien parfois monotone ou difficile. Aujourd'hui, l'ivresse est considérée comme une menace pour le bien-être personnel et collectif, pour la productivité et pour la croissance économique en général. N'avons-nous pas tendance à expliquer la montée de l'alcoolisme par la recrudescence de la pauvreté, du mal-être général, de la délinquance urbaine et de la violence, ainsi que par un certain rejet des valeurs morales ? Il serait injuste de rendre l'alcool responsable de tous les maux dont souffre la société, et cela aurait pour triste conséquence un retour à la prohibition. Pour moi, l'alcool représente la culture, la mixité sociale, la détente, la chaleur et la fête. Il est bien sûr fortement déconseillé d'en abuser, mais, dans la mesure où on le consomme avec modération, il demeure la boisson par excellence.

Vous trouverez dans les pages suivantes des informations générales sur les principaux alcools disponibles, ainsi que des anecdotes liées à la tradition ou à la culture qui leur est attachée.

Les alcools anisés

Cultivé en Égypte, dans d'autres pays du sud de la Méditerranée et en Asie, l'anis est une plante aromatique plaisante et agréable au goût légèrement sucré, appartenant à la même famille que le persil. Pour revenir au sujet qui nous concerne, il sert à préparer des apéritifs anisés. Le terme apéritif a pour origine le mot latin *aperire*, qui signifie « ouvrir ». La France, l'Espagne et la Grèce sont producteurs de longue date d'alcools anisés, différents les uns des autres par le goût, la couleur et le titre alcoométrique.

Dans ces pays, chaque maison, chaque bar, chaque restaurant a sa réserve d'alcool anisé et sa consommation est quotidienne, que ce soit à l'apéritif avec des amuse-bouche, en accompagnement du repas ou avec le café. Ces alcools sont secs ou doux et plus ou moins puissants. On peut les boire tels quels, avec des glaçons ou allongés d'eau. Dans ce dernier cas, ils prennent un aspect trouble, indice d'une forte concentration d'anis et de fenouil ainsi que d'un produit de qualité.

L'ouzo

La Grèce est un pays riche d'une fabuleuse histoire. Patrie de la philosophie, elle est pétrie de culture et de tradition. Terre natale d'Homère, de Socrate, de Platon et d'Aristote, dotée de côtes et de collines baignées de soleil, elle a vu naître les jeux Olympiques, symbole de gloire, de persévérance et de paix.

Chaque année, plusieurs millions de touristes sont attirés par l'époustouflante beauté des 1400 îles grecques. Les Grecs ne craignent pas les comportements extravagants – croyez-moi, il en faut beaucoup pour les étonner. Si vous avez l'intention de vous rendre en Grèce, vivez votre odyssée sans complexes. Et si par extraordinaire vous en commettiez, vous pourrez vous repentir de vos péchés dans l'une des nombreuses églises que vous ne manquerez pas de trouver sur votre chemin.

Les Grecs ne sont pas de grands buveurs, mais ils aiment siroter un ou deux verres pendant le repas ou avec le café, en bonne compagnie. L'ouzo est la boisson nationale ; c'est un alcool sec et incolore. Chaque maison a une bouteille en réserve, que l'on sort en signe d'hospitalité. Si on vous offre un verre d'ouzo, vous devez impérativement l'accepter, sous peine de vous montrer grossier envers votre hôte. Le raki et le tsipuro sont deux autres alcools grecs proches de l'ouzo, mais plus secs et plus puissants.

Le Pernod et le Ricard

Dans son roman *Le Vagabond solitaire,* Jack Kerouac parle de «coup au cœur» pour la France. Ce pays sophistiqué et séduisant, à la fois traditionnel et avant-gardiste, a profondément influencé la civilisation occidentale. Comment oublier ses révolutions, ses guerres, ses poètes, son théâtre, son cinéma, sa littérature, ses arts, sa science, sa musique et, bien sûr, sa mode ? La courageuse Jeanne d'Arc, le mégalomane Napoléon Bonaparte, le légendaire Victor Hugo ou l'intellectuel Jean-Paul Sartre ont fixé à jamais la France dans les mémoires.

De notre point de vue, la France nous intéresse essentiellement pour ses cafés et ses bars, ses restaurants, ses vins et alcools, ainsi que pour sa délicieuse cuisine.

Au début du XVIIIe siècle, Henri-Louis Pernod se lance dans la production d'un alcool anisé à base d'un ersatz d'absinthe. Son succès est tel que les contrefaçons envahissent le marché sous des noms divers jusqu'au début du XXe siècle, où cette boisson est interdite en raison de sa teneur en absinthe, responsable de troubles mentaux et physiques. Le poète Paul Verlaine et le peintre Toulouse-Lautrec en auraient largement abusé, dit-on. Malgré cela, la maison Pernod rouvre ses portes en 1928 et poursuit la production de son alcool jaune, élaboré cette fois à base de vin blanc. La badiane, qui présente un léger goût d'anis teinté de notes d'agrumes, est utilisée pour le parfumer. Allongé de limonade et servi avec beaucoup de glace, le Pernod est une boisson extrêmement rafraîchissante.

Plus tard, en 1932, Paul Ricard met au point la boisson qui porte son nom. Moins aromatique que le Pernod, il est aujourd'hui l'un des alcools les plus vendus au monde. Je vous conseille de le déguster allongé avec de l'eau ou de la limonade.

L'aquavit

La Scandinavie est une région habitée par les Norvégiens, les Suédois, les Danois et les Finlandais, communément appelés peuples nordiques. Ses habitants, aujourd'hui accueillants et décontractés, sont les descendants des célèbres Vikings, qui, entre 800 et 1100, ont été redoutés pour leur ardeur guerrière, leur fâcheuse propension à accoster dans des pays sans y être invités et à prendre en mains les affaires des peuplades dont ils croisaient le chemin. Ils ont découvert les îles Féroé, l'Irlande et le Groenland, où ils ont implanté leur culture et leurs traditions et ont laissé de nombreux descendants.

En 1840, dans la ville danoise d'Aalborg, 2000 distilleries produisaient de l'aquavit. Aujourd'hui, cet alcool est produit partout en Scandinavie à partir de pomme de terre ou de grain, parfumé avec du cumin essentiellement, mais aussi avec de l'anis, de la coriandre, du fenouil et de l'aneth. Les habitants du pays du soleil de minuit le servent glacé dans des shots et le dégustent avec le poisson et la viande. L'aquavit est encore meilleur lorsqu'on le fait descendre avec une bière fraîche. Les marques les plus réputées sont les suivantes.

Aalborg

La ville de Hans Christian Andersen et du philosophe Søren Kierkegaard abrite quelques-uns des habitants les plus heureux du monde. Les Danois, qui produisent un aquavit aux arômes de cumin très prononcés, affirment qu'il s'agit du meilleur aquavit disponible sur le marché.

Lysholm Linie

Plus jaunâtre que son homologue danois, cet aquavit est produit en Norvège, pays réputé pour ses paysages magnifiques, ses fjords spectaculaires, patrie du peintre Edvard Munch, du compositeur Edvard Grieg et du dramaturge Henrik Ibsen. L'élaboration du Lysholm Linie est intéressante. Juste après la distillation et l'entonnage, les barriques sont chargées sur des bateaux qui font l'aller-retour Norvège-Australie. Il est en effet admis que c'est au tangage et aux changements de température que cet aquavit à la robe jaune d'or et au goût subtil doit son caractère.

Les bitters

Au Ier millénaire av. J.-C., on recense un grand nombre de plantes, de racines et d'herbes aromatiques sous les tropiques, en Amérique du Nord, en Asie du Sud-Est, en Inde et en Australie. Peu à peu, on découvre et on apprécie leurs propriétés médicinales. Le safran, le gingembre, le genièvre, la cardamome et l'eucalyptus, prisés pour leurs vertus digestives et stimulantes, sont employés pour la préparation de remèdes et de parfums. Ils ne tardent pas à être utilisés pour l'élaboration d'alcools connus sous le nom de bitters. Aujourd'hui, les bitters sont essentiellement fabriqués en Italie. Ils sont souvent consommés à l'apéritif pour stimuler l'appétit ou comme remèdes pour les lendemains difficiles. Je conseille de les boire bien frais dans des shots ou dans des verres à whisky remplis de glaçons.

Voici les marques les plus répandues :

Angostura

Angostura est l'ancien nom de l'actuelle ville de Ciudad Bolívar, au Venezuela. Cet alcool à base de rhum blanc a été mis au point à la Trinité en 1875 par un médecin militaire du nom de Siegert. Il parfume merveilleusement la cuisine et divers cocktails. Il entre dans la composition du célèbre Manhattan et de l'Old Fashioned.

Campari

D'une couleur évoquant la passion, le feu et le désir, cette boisson au goût fruité et amer a été inventée en 1872 par un restaurateur milanais. On en vend aujourd'hui 2,8 millions de caisses chaque année dans le monde. Il est vrai que, par forte chaleur, c'est un plaisir de siroter un Campari allongé de soda avec un trait de jus de citron.

Fernet Branca

Patrie de la mode et du design, Milan est aussi la terre natale de certains bitters réputés. C'est là que le Fernet Branca voit le jour en 1845, dans la distillerie des frères Branca. Cet alcool, dont la recette fait intervenir 30 à 40 herbes aromatiques et épices, est sombre de robe, avec un goût amer et épicé évoquant l'eucalyptus. Il soigne magnifiquement les maux d'estomac et les indigestions. Il suffit d'en avaler une généreuse gorgée et de se détendre pour aller mieux.

Gammel Dansk Bitter Dram

Ce bitter qui convient aux amateurs d'alcools épicés est desservi par son nom !

Jegermeister

Le nom de ce bitter allemand très caractéristique signifie « maître de la chasse ». Cet alcool élaboré en 1878 se vend aujourd'hui à raison de 2,6 millions de caisses par an, ce qui en fait le deuxième bitter le plus demandé au monde après le Campari. Relativement doux, il exhale des notes de réglisse.

Underberg

Présenté dans une bouteille miniature, l'Underberg est relativement cher, mais il vaut son prix. Il a été élaboré en 1846 par Hubert Underberg à des fins purement médicinales, pour soulager les indigestions. Il contient des herbes aromatiques provenant de 43 pays, ce qui explique ses arômes très épicés.

Le brandy

Le brandy et le cognac, issus du vin (de raisin), sont des alcools nobles, symboles de chaleur et de détente. D'après les botanistes, le raisin est originaire des environs de la mer Caspienne, en Asie. Importé en Europe par les Phéniciens, il y est cultivé par les Grecs et les Romains de l'Antiquité, qui en font du vin qu'ils consomment à l'occasion de fêtes somptueuses.

On élabore en France, en Italie, en Espagne et en Grèce, des brandys d'excellente qualité, qui sont forts différents les uns des autres en raison de la diversité des sols, des climats, des cépages utilisés et des méthodes de production. Après distillation et mise en barrique, l'alcool est soumis à une période de vieillissement au cours de laquelle il développe certaines propriétés et prend une belle couleur.

Pour reconnaître la qualité et l'âge d'un brandy, il faut regarder les initiales et/ou les étoiles figurant sur l'étiquette. Le brandy entre dans l'élaboration de nombreux cocktails, dont le Between the Sheets et le Brandy Alexander. Je recommande de le servir dans un verre ballon après un bon repas, en même temps qu'une bonne tasse de café, par une froide soirée d'hiver.

Les marques les plus réputées

Napoléon: d'origine française, très rond et assez doux.

Cape Brandy: d'origine sud-africaine, très puissant, avec des arômes secs de vanille.

Gold Napoleon VSOP: d'origine espagnole, avec des arômes modérément corsés de raisin.

Metaxa★★★★: d'origine grecque, assez doux.

Les alcools de fruits

Les pommes, les cerises, les poires et les abricots ne sont pas seulement les fruits que je préfère, ce sont aussi ceux qu'on utilise pour élaborer des alcools exquis, souples et savoureux. Il s'agit en général d'alcools secs et plus puissants que la majorité de leurs homologues. Les alcools de fruits peuvent être servis dans des verres à liqueur après un bon repas, exactement comme un brandy, ou présentés dans un verre à whisky avec de la glace pilée : c'est une question de goût. Les plus réputés sont les suivants.

Calvados

Un alcool très romantique, d'une grande subtilité, produit en Normandie. Les distilleries locales rassemblent 48 variétés de pommes pour obtenir un alcool irréprochable en termes de robe, de texture et d'arômes. Le distillat vieillit 25 ans en fût de chêne. Le calvados est sec en bouche, très souple, et déploie un excellent bouquet. Trois étoiles désignent un alcool de 2 ans d'âge, VSOP indiquant un vieillissement de 4 ans.

Kirsch

L'alcool de cerise le plus célèbre au monde est produit à partir de fruits qu'on ne trouve qu'en France, en Allemagne et en Suisse. La variante française est la plus parfumée et la moins alcoolisée.

Applejack

Cet alcool de pomme qui vient tout droit des États-Unis a été produit pour la première fois dans le New Jersey et en Virginie.

Le cognac

« Vivre pour manger et boire et non pas manger et boire pour vivre » est un dicton qui siérait bien aux Français. La France est en effet un pays de tradition gastronomique, riche d'une excellente cuisine et qui produit de somptueux vins et cognacs. Les Français n'apprécient d'ailleurs un repas que s'il y est servi du vin et du cognac. Ils apprennent à connaître et à apprécier les vins dès leur jeune âge; quant au cognac, ils lui apportent toute leur attention.

Ce noble alcool inventé en 1510 ne peut être baptisé cognac que s'il est produit dans la région du même nom, située dans le sud-ouest de la France. Celle-ci bénéficie de son appellation d'origine, répartie en six régions, la réglementation imposant que tout cognac soit issu de l'une d'elles : Grande Champagne, Petite Champagne, Borderies, Fins Bois, Bon Bois et Bois Ordinaires. Chaque zone donne un produit différent du fait de la diversité des sols, du climat, des cépages et de l'ensoleillement. Les sols de la région se caractérisent par leur richesse en calcaire, déterminante lorsqu'il s'agit du cognac, car plus la terre est calcaire, meilleur est le cognac issu de la vigne qui y est plantée.

Les principaux cépages sont l'ugni blanc, la folle blanche et le colombard. Après distillation, l'alcool est entonné dans des fûts de chêne (provenant exclusivement du Limousin ou de la forêt de Tronçais). Le bois lui donne sa couleur ambrée et son bouquet vanillé. Pendant la période de vieillissement, 2 ans au minimum, de grandes quantités d'alcool s'évaporent à travers les pores du bois, une perte inévitable qui porte le joli nom de « part des anges ». Après le vieillissement, on opère le mélange des diverses cuvées : c'est une opération délicate, requérant tout le talent et le savoir-faire du maître de chai, qui doit réussir un assemblage irréprochable en termes de robe, d'arômes et de goût. Le fait de mélanger du cognac à toute autre substance est considéré comme un sacrilège, mais d'aucuns pensent que l'addition de quelques gouttes d'eau pure dans le verre exalte les senteurs et flaveurs de cette délicieuse boisson.

Les classements en Cognaçais

Les initiales figurant sur les bouteilles, comme VS, VSOP et XO, renseignent sur la qualité, l'âge et le prix du produit. Si vous souhaitez une bonne bouteille, soyez prêt à la payer au prix fort. Plus le cognac est vieux, plus il est cher.

Trois étoiles VS (Very Superior, ou «très supérieur»): la loi impose au plus jeune des cognacs un vieillissement minimum de 3 ans en fût de chêne. Les étoiles ou les lettres indiquent l'assemblage de la maison de production.

VSOP (Very Superior Old Pale): désigne un cognac de 4 à 6 ans d'âge.

XO (Extra Old): désigne un cognac plus vieux.

VVSOP (Very Very Superior Old Pale): Vieille Réserve, Grande Réserve, Napoléon Gordon Blue, Royal, Paradise et Antique sont des maisons de production qui proposent des cognacs de très haut vol, dont l'assemblage est réalisé avec des très vieilles cuvées. Le vieillissement dure entre 5 et 40 ans.

Petite Fine Champagne ou Petite Champagne: indique que le cognac en question provient de Grande ou de Petite Champagne et qu'il est composé au moins à moitié d'alcool issu de Grande Champagne.

Grand Fine Champagne ou Grande Champagne: indique que le cognac est exclusivement issu de raisins provenant de Grande Champagne.

Les marques les plus réputées

Otard VSOP: cognac aux puissants arômes légèrement vanillés.

Hardy VSOP: cognac très équilibré et assez doux.

Hennessy VS: cognac très riche, avec un caractère de vieux fût.

Martell Gordon Bleu: excellent cognac aux beaux arômes boisés.

Rémy Martin VSOP: cognac à la fois puissant et élégant.

L'armagnac

D'origine française comme le cognac, dont il est relativement proche, l'armagnac date de 1411 ; il est donc plus vieux. Élaboré dans le sud-ouest de l'Hexagone, dans le Gers, il bénéficie d'une appellation d'origine contrôlée. Trois régions sont autorisées à produire de l'armagnac : le Bas-Armagnac, le Ténarèze et le Haut-Armagnac. L'alcool vieillit de 1 à 15 ans en fût de chêne (venant exclusivement du Limousin ou de la forêt de Tronçais), ce qui lui confère des arômes et un caractère particuliers. À l'issue du vieillissement, le maître de chai doit déterminer l'assemblage qui fera le meilleur armagnac possible.

L'armagnac est très proche du cognac mais, à ma grande surprise, certains connaisseurs soutiennent envers et contre tout que le premier peut être supérieur au second.

L'armagnac est un digestif que l'on sert à température ambiante, dans de grands verres en forme de poire, en même temps que le café. S'il vous arrive d'hésiter sur un cadeau à faire à un hôte, optez pour l'armagnac : c'est un choix sûr. Ainsi que je l'ai déjà précisé, l'armagnac est un assemblage, mais on trouve encore des cuvées millésimées datant du XIXe siècle. Le terme millésimé désigne des armagnacs issus non pas d'un assemblage de divers lots, mais d'une seule année.

On trouve aussi sur des bouteilles des sigles tels VS ou VSOP : trois étoiles ou VS se réfèrent aux plus jeunes armagnacs, de 3 ans d'âge. VO et VSOP indiquent que la cuvée la plus jeune entrant dans l'assemblage a au moins 4 ans d'âge.

Parmi les marques les plus réputées
Armagnac*: sec en bouche, avec des arômes de boisé.
Janneau Grand Armagnac VSOP : fruité, avec des notes de vanille. C'est l'armagnac le plus vendu.

Le champagne

Ce vin pétillant, dont l'invention est due à un moine du nom de dom Pérignon, est synonyme d'élégance, de noblesse et de loyauté. Alors que des vins pétillants sont produits partout dans le monde, seul peut être appelé champagne celui qui est produit en France dans la région éponyme. Les petites bulles de dioxyde de carbone qui l'habitent sont le résultat d'un processus de fermentation. Après avoir dégusté quelques verres de cette boisson magique, vous ressentirez des émotions étranges, mais ne vous en faites pas... laissez-vous porter par le flot des bulles.

Le champagne se conserve à l'abri de la lumière et de la chaleur, et doit être consommé dans sa jeunesse – il peut en effet se détériorer avec l'âge. Il est préférable de le rafraîchir 20 à 30 minutes dans un seau à glace. Ouvrez la bouteille tout en douceur et versez le liquide dans des flûtes ou des coupes rafraîchies. L'astuce pour ouvrir une bouteille de champagne consiste à faire tourner la bouteille tout en maintenant le bouchon. Veillez à pointer le goulot vers le haut et placez quelques verres à proximité pour le service.

Ces termes figurant sur les étiquettes indiquent les qualités des divers champagnes :
Brut
Sec
Demi-sec

Le gin

La Hollande est le pays d'Érasme, de Spinoza, de Rembrandt et de Van Gogh, qui ont contribué à faire évoluer les arts, les sciences et la philosophie. C'est aussi un pays dont les cafés et les pubs débordent sur les trottoirs, haut lieu des coffee shops et de la prostitution ; un pays excentrique unique en son genre, où l'on porte un regard très ouvert sur tous les aspects de la vie moderne.

Au début du XVIe siècle, un professeur de médecine de l'université de Leyde, Franciscus Sylvious de la Boe, invente un alcool quasiment transparent à base de genièvre aujourd'hui connu sous le nom de gin. Plus tard, lorsque Guillaume d'Orange s'empare de la couronne d'Angleterre en 1689, il fait raffiner cette boisson et la fait connaître aux Anglais, qui l'apprécieront comme il se doit.

D'après les récits historiques, le premier mélange de gin et de tonic aurait été effectué à des fins médicinales, pour protéger contre la malaria. Aujourd'hui, le gin-tonic est une boisson rafraîchissante connue et appréciée dans le monde entier.

Le gin demeure synonyme de qualité, de fête, de tendance et d'innovation ; laissez donc libre cours à votre imagination pour élaborer les combinaisons les plus audacieuses. Le gin entre dans la confection de nombreux cocktails, dont le Dry Martini et le Collins.

Les marques les plus réputées
Bombay Sapphire : un gin de haut vol, très caractéristique.
Tanguerey : traditionnel, avec des notes épicées.
Beefeater : arômes de coriandre et d'agrumes.

Le rhum

Le rhum évoque l'une des périodes les plus inté-ressantes de l'histoire du monde : le XVe siècle, celui des intrépides navigateurs qui firent de lointains voyages pour explorer les confins de la terre. Je parle ici d'Amerigo Vespucci, de Vasco de Gama et bien sûr de Christophe Colomb, qui débarqua en 1492 aux Caraïbes. Il reçut un excellent accueil des indigènes, auxquels il apportait un cadeau de prix : la canne à sucre. Après plusieurs années d'expérimentations, les Caribéens mirent au point la fabrication du rhum en 1650, en mélangeant de la mélasse, du sucre et de l'eau. Il fallut plu-sieurs années encore pour que les Européens dé-couvrent les vertus de cet alcool. Aujourd'hui, le rhum est connu et prisé dans le monde entier.

Porto Rico, Cuba et la Jamaïque ont en commun une architecture coloniale caractéristique, d'excel-lents danseurs de salsa et de longues plages de sable blanc, leurs rhums ne sauraient être plus différents. Cette boisson réputée rebelle, jeune, passionnée, sensuelle, présente en effet dans chacun de ces pays des arômes évoquant son histoire. Boisson préférée des pirates, le rhum épice nombre de récits maritimes et entre dans la composition de cocktails délicieux tels que le Daiquiri, le Cuba Libre et le Mojito.

Les différents rhums

Rhums légers, rhums blancs et rhums blancs de qualité supérieure : peu aromatiques et assez doux, ils servent de base à plusieurs cocktails.

Rhums ambrés (rhums paille) : moyennement corsés, ils vieillissent en fût de chêne.

Rhums épicés : parfumés avec des épices, parfois avec du caramel. La plupart sont relativement sombres et faits à partir de rhums ambrés.

Rhums noirs : vieillis plus longuement dans des fûts à forte chauffe. Avec leurs notes d'épices et de caramel, ils sont utilisés en cuisine.

Rhums parfumés (dits « arrangés ») : macérés avec des fruits comme la mangue, l'orange, les agrumes, les petits fruits ou le citron vert.

Rhums cœur de chauffe : ils présentent un titre alcoométrique plus élevé que celui des autres rhums du marché. La plupart affichent 75 % d'alcool.

Rhums millésimés : il existe indiscutablement un marché pour les rhums vieillis en fût de chêne, qui présentent plus de caractère et d'arôme. Le mieux est de les consommer à la manière d'un vieux whisky ou d'un cognac, peut-être avec quelques gouttes d'eau pure qui exalteront leurs arômes. Pour la confection des cocktails, je préfère les rhums épicés ou noirs, plus toniques et plus parfumés. Je vous conseille d'essayer le même cocktail avec différents types de rhum pour déterminer celui qui convient le mieux à votre goût.

Porto Rico : produit un rhum agricole légèrement corsé.

Cuba : produit un rhum très proche de celui de Porto Rico.

Jamaïque : produit un rhum plus puissant et plus corsé que ses homologues cubain et portoricain, avec des arômes extrêmement puissants. La palette de couleurs du rhum jamaïcain se déploie du jaune paille au noir. Il vieillit 5 ans en fût de chêne et doit sa robe à l'addition d'une certaine dose de caramel.

Les rhums blancs les plus réputés

Bacardi supérieur : présente un goût très traditionnel, plutôt doux.

Havana Club : sec et équilibré, avec des notes vanillées.

Bacardi Razz : de création récente, ce produit est plutôt apprécié des amateurs.

Les rhums noirs et ambrés les plus réputés

Bacardi noir : riche en bouche, avec des nuances de chocolat et de banane.

Bacardi Gold : présente un arôme de boisé modérément corsé et des notes légèrement vanillées.

Havana Club 7 ans : assez peu alcoolisé, plutôt doux, avec quelques notes de boisé.

George Carlin

La tequila

Le Mexique, pays de mythes et de mystères, fut le berceau de deux grandes civilisations, celles des Mayas et des Aztèques. En 1519, le conquistador espagnol Hernán Cortés y débarqua et découvrit le monde aztèque. En 1651, l'Espagnol Jeronimo Hermandea, médecin de son état, goûta un alcool inconnu produit par les indigènes qui se révéla très efficace dans le traitement des rhumatismes et des plaies. C'était la tequila, dont les vertus n'allaient être reconnues qu'en 1758. Elle est essentiellement produite à partir d'une variété d'agave endémique au Mexique, qui ressemble à un gigantesque ananas. La plante en question atteint sa maturité vers 12 ans d'âge et son cœur (la piña) peut alors peser près de 60 kilos.

Aujourd'hui, le traditionnel et le moderne se mêlent de façon étonnante au Mexique. C'est un pays plein de contradictions, où l'on trouve aussi bien des villes en pleine expansion que des paysages déserts, des ruines anciennes que des stations balnéaires très huppées ; c'est aussi le lieu par excellence où la sieste et la fête se suivent invariablement, la passion étant bien évidemment toujours de la partie. On comprend mieux ainsi que Sal Paradise, le héros de Jack Kerouac *(Sur la route)*, ait pu s'écrier : « Mexico m'appelle ! » et, surtout, qu'il ait répondu à cet appel avec son ami Dean Moriarty. Plus près de nous, les célèbres peintre Diego Rivera et écrivains Carlos Fuentes et Octavio Paz ont marqué de leur empreinte indélébile l'héritage artistique de ce pays qui les a vus naître.

Boisson nationale du Mexique, la tequila constitue une excellente base pour divers cocktails et de nombreuses autres boissons. Cependant, si vous en êtes d'humeur, il est intéressant d'essayer de la consommer de manière traditionnelle. Pour ce faire, humectez l'espace entre votre pouce et votre index et déposez-y un peu de sel. Tenez votre verre d'une main et un quartier de citron de l'autre. Léchez le sel, buvez votre verre (cul sec) et croquez dans le citron.

Les différentes tequilas

Tequila blanco: qualité standard, robe blanche ou argentée, mise en bouteille sans vieillissement préalable.

Tequila joven abocado: robe dorée, vieillie en fût de chêne.

Tequila reposado: vieillie en fût de chêne, colorée et parfumée par addition de caramel.

Tequila añejo: vieillie 1 à 3 ans en fût de chêne.

Les marques les plus réputées

Cuervo Especial: de texture plutôt grasse, assez douce, avec un arrière-goût de raisin sec.

Sauza Gold: très fruitée, avec un boisé prononcé.

Tequila Jose Cuervo: de texture grasse, très sèche en bouche, vieillit relativement longtemps.

Le mescal

Bien que très proche de la tequila, le mescal (ou mezcal) est produit en dehors de la ville de Tequila. Si ces deux alcools sont produits à base d'une variété d'agave, le mescal est élaboré selon un procédé différent, qui lui donne un caractère plus corsé, plus rugueux, avec des notes de fumé. L'une des caractéristiques de cet alcool tient à la présence au fond de la bouteille d'un ver que l'on ramasse sur l'agave les jours d'été pluvieux. La légende veut que celui qui avale le ver devienne intrépide et fort. Je ne saurais donc recommander le mescal aux végétariens. Il doit être servi et consommé comme la tequila.

Note: ce ver, appelé *maguey,* est très riche en nutriments et extrêmement prisé au Mexique. On le sert accompagné d'une sauce épicée avec des tortillas. Bon appétit, messieurs!

Les marques les plus réputées:
Monte Albán
Miquel de la Mezcal

La vodka

Des cinéastes comme Eisenstein et Tarkovski, des écrivains comme Dostoïevski et Tolstoï, les danseurs étoiles du Bolchoï et du Kirov sont généralement associés au fabuleux héritage de la Russie légendaire. Quant à Saint-Pétersbourg, ancienne capitale des tsars, qui évoque un musée d'architecture à ciel ouvert, elle mérite bien son surnom de « fenêtre de l'Europe ».

C'est aux Russes que l'on attribue la découverte de la distillation des spiritueux, vers le XIIe siècle, même si d'aucuns soutiennent que les Perses maîtrisaient déjà le procédé un siècle plus tôt. La vodka est une arme très efficace contre les hivers meurtriers que connaît la Russie. Quelques verres de cet alcool d'apparence insignifiante, incolore et inodore, suffisent à vous faire tourner la tête et bouillir le sang.

Au XVIe siècle, les Russes servaient la vodka dans de petits verres qu'ils lançaient joyeusement contre le mur après les avoir vidés. Aujourd'hui la vodka est très prisée pour son caractère neutre, qui en fait une excellente base pour divers cocktails. Cet alcool se consomme sec, avec de la glace ou dans des mélanges exotiques. Elle accompagne à merveille le caviar et le saumon.

L'un de mes cocktails favoris est le Sea Breeze, mélange de vodka, de jus de pamplemousse et de jus de canneberge.

Les vodkas aromatisées

Soucieux du sort des femmes, les Russes, les Polonais, les Finlandais et les Suédois ont commencé à produire des vodkas aromatisées au miel, à la vanille, à l'orange, au citron, au chocolat, au caramel, à la menthe, à la canneberge, etc. Cet alcool neutre permet toutes les fantaisies pour ce qui est des parfums. Les vodkas aromatisées sont excellentes ; elles doivent être servies glacées dans des shots ou allongées avec des boissons non alcoolisées.

Les marques les plus réputées
Grey Goose : d'une pureté inégalée.
Smirnoff : très pure, élaborée selon la tradition.
Stolichnaya ou « Stolly » : vodka russe pure et authentique.

Le vermouth

Le vermouth entre dans la composition du Dry Martini et du Manhattan. Il tient son nom du terme allemand *Wermut,* qui désigne la grande absinthe, une herbe autrefois utilisée à des fins médicinales. Les Français et les Italiens emploient toute une variété d'herbes, d'épices et d'autres plantes des Alpes pour parfumer et aromatiser cet alcool. Je conseille de le boire avec des glaçons ou avec de la glace pilée, en apéritif.

Vermouth rouge: il doit sa couleur à l'addition de sucre et de caramel; c'est lui qu'on utilise pour le célèbre Manhattan.

Vermouth blanc: d'un jaune d'or soutenu, relativement doux, il doit de préférence être servi frappé et garni d'une cerise confite.

Vermouth sec: d'un jaune d'or léger, très sec en en bouche, il est utilisé pour la confection du Dry Martini (*dry* signifie «sec»).

Vermouth rosé: il doit sa couleur au vin rosé et présente un goût doux amer.

Les marques les plus réputées en Italie
Martini rouge: rouge, comme son nom l'indique.
Cinzano extra dry: d'un jaune légèrement doré.
Martini blanc: d'un jaune d'or soutenu.
Martini rosé: rosé, comme son nom l'indique

Les marques les plus réputées en France
Noilly Prat: d'un jaune d'or léger. La plupart des bons barmen préfèrent ce type de martini pour l'élaboration du fameux cocktail homonyme, car il est plus sec que ses homologues.

Whisky et whiskey

Indépendante, fière d'une histoire et d'une culture très riches, l'Écosse s'enorgueillit aussi de ses côtes sauvages, de ses îles lointaines, de ses montagnes aux sommets enneigés et de ses fabuleux châteaux médiévaux. Dans ce pays, des hauts lieux historiques côtoient des villes modernes, mais tous sont habités par des gens chaleureux et accueillants qui ont indiscutablement le sens de la fête. Depuis 1947 se déroule chaque année à Édimbourg, en août et septembre, le plus important festival culturel au monde, rassemblant 2 millions de personnes de toutes nationalités venues voir des représentations de toutes sortes, des pièces de théâtre aux concerts en passant par les spectacles de danse et les opéras. Les visiteurs font la fête nuit et jour en dégustant la boisson nationale, le whisky.

Pour les amateurs, hommes et femmes, jeunes et vieux, le whisky est cette boisson magique mais classique qui présente un bel équilibre entre nez,

arômes et texture. Produit pour la première fois en Écosse vers 1492, il tient son nom d'un terme du gaélique ancien signifiant « eau-de-vie ». Il est élaboré avec de l'eau de source très pure, de l'orge, du blé, du maïs et du seigle.

L'Amérique, le Canada et le Japon produisent aussi des variantes de cet alcool. Les variétés canadienne et américaine s'orthographient différemment : whiskey. En 1993, le whisky était le spiritueux le plus vendu au monde.

Il existe deux types de whiskys, les blends et les single malt. Les seconds sont élaborés dans une seule distillerie à partir d'une céréale unique, tandis que les blends sont des mélanges de cuvées provenant de distilleries et de céréales différentes. Le blend (assemblage) donne un whisky différent en termes à la fois de goût, de texture, d'arôme et de saveur.

Les blends

De nombreux pays ont tenté de reproduire cet assemblage doucement fumé. Le whisky écossais est unique parce que fait avec de l'orge d'Écosse et une eau de source unique, qui traverse des couches de granite dans un climat frais et humide. À boire sec, on the rocks ou allongé de Coca-Cola.

Les marques les plus réputées

Ballantine's : savoureux, avec des arômes relativement doux et fumés.

Cutty Sark : plutôt doux, avec des notes de fumé.

Johnny Walker carte rouge : sec en bouche, avec des notes de fumé et de boisé.

Dewars : rond et fruité, avec des notes de boisé.

Les single malt

Ces somptueux alcools sont considérés comme des produits de luxe et peuvent être comparés aux plus grands cognacs. Les régions de production des meilleurs sont les Lowlands, les Highlands, Campbeltown, Islay et Speyside. Aujourd'hui, près de la moitié sont issus de Speyside. Ceux d'Islay, distillés à proximité de la mer, se distinguent par un caractère sec, fumé, tonique, et représentent pour certains un sommet. Il serait dommage de mélanger de tels alcools avec autre chose, si ce n'est peut-être quelques gouttes d'eau pour en exalter les arômes. Vous pouvez servir les grands single malt en ajoutant au maximum le même volume d'une eau minérale de grande qualité.

Les marques les plus réputées

Glenfiddich : un produit très prisé à l'export, qui n'arrive cependant pas à la cheville de marques plus authentiques.

The Glenlivet : un malt classique des Highlands, au goût très pur.

Macallan : un malt classique de Speyside, riche et crémeux.

Talisker : un excellent malt des îles, sec, avec des notes marines.

Caol Isla : un malt d'Islay complexe et sophistiqué.

Lagavullin : un malt d'Islay riche et fumé, avec des notes marines.

Un poète qui n'aime pas l'alcool
n'est pas un vrai poète.
Conrad Aiken

Le whisky irlandais

L'Irlande est le berceau du très cosmopolite James Joyce, du dramaturge Samuel Beckett, du divin Oscar Wilde et du poète W. B. Yeats, qui ont tous profondément marqué la littérature mondiale.

Les Celtes furent les premiers à s'installer en Irlande, suivis par les Vikings, les Normands et les Anglais. Malgré son histoire assez récente, l'Irlande a été qualifiée de « tigre celtique » pour son économie en pleine expansion. C'est un pays de collines verdoyantes, de châteaux médiévaux et de falaises impressionnantes. On y mène une vie un peu bohème, comme l'attestent les pubs et les restaurants à la mode, où les Européens de l'Est, les Orientaux et les Africains se mêlent à la population locale, apportant une touche de couleur à un fonds culturel déjà très riche.

Il fut une époque où le pays comptait 2000 distilleries, il n'en subsiste plus que 5... Le whisky irlandais jouit pourtant d'une notoriété mondiale en raison de son caractère souple et savoureux, qui perdure malgré les interdictions. À boire sec, on the rocks ou encore avec du café et de la crème fouettée – un ersatz du légendaire Irish Coffee.

Les marques les plus réputées

Black Bush: puissant et fort, avec un excellent arrière-goût.

Jameson: fruité et riche, avec des nuances de chocolat et de boisé.

Paddy: bel équilibre d'ensemble, fruité et persistant en finale.

Tullamore Dew: un peu lourd, d'un style assez vieillot, mais plaisant pour son côté relativement doux.

Le whiskey américain

Il est admis que les Vikings ont été les premiers à atteindre l'Amérique, cinq siècles avant Christophe Colomb. Les Anglais, premiers colonisateurs de l'Amérique du Nord, y importèrent l'art de la distillation et y établirent la fabrication d'un produit servant à la fois de monnaie d'échange, de médicament et de boisson.

Du fait du régime de taxation, de nombreuses distilleries déménagèrent au Kentucky, où l'on trouve de surcroît de vastes plantations de blé, pour y produire le désormais célèbre bourbon.

Le bourbon

Le roi des whiskeys américains est à 51 % issu de blé, de seigle et d'orge germée. L'alcool ainsi produit est vieilli pendant 2 ans en fût de chêne, où il acquiert de délicieuses notes vanillées. À boire sec, on the rocks, ou bien allongé de soda ou de Coca-Cola.

Les marques les plus réputées
Jim Beam: bourbon très typé, légèrement fruité.
Wild Turkey: riche en bouche, puissant mais assez doux, avec des notes de boisé.
Four Roses: riche de texture, avec des notes de vanille et de chocolat imparties par le bois.
Makers Mark: riche, complexe et lourd en bouche, avec des notes de boisé et des nuances chocolatées et vanillées.

Le whiskey du Tennessee

Le whiskey élaboré dans le climat subtropical du Tennessee est plus souple que le traditionnel bourbon et présente des arômes de fumé plus prononcés.

La marque la plus réputée
Jack Daniel's: léger et souple, avec des notes de fumé.

Le whiskey canadien

Les traditions canadiennes mêlent les us et coutumes des Anglais, des Français et des Amérindiens : ce brassage, ainsi que l'influence des pays voisins et la diversité de l'immigration, ont contribué à créer un paysage culturel complexe et intéressant. Le Canada, un des pays les plus riches du monde, se targue de posséder des villes propres, sûres et vivantes. Le célèbre réalisateur David Cronenberg est un pur produit de ce savant melting-pot qui a également enfanté des chanteuses de talent, de Joni Mitchell à Diana Krall.

Deuxième pays du monde par la superficie, le Canada est le premier producteur d'orge, de blé, de seigle et de maïs – ce qui signifie qu'il dispose des matières premières nécessaires à la confection du whiskey ! Le whiskey canadien, né vers 1875, se distingue par sa légèreté, sa délicatesse et sa souplesse. On peut le boire sec, on the rocks, ou bien allongé de limonade ou de Coca-Cola.

Les marques les plus réputées
Canadian Club : riche en bouche, avec des notes de vanille.
Canadian Mist : plutôt léger, avec des notes boisées et vanillées.
Seagrams VO : léger et moyennement corsé, plutôt fruité.

Le whisky japonais

Le pays du Soleil levant est la deuxième puissance économique du monde. C'est aussi la terre natale des arts martiaux, des samouraïs et des geishas au visage peint vêtues de somptueux kimonos. Nulle part ailleurs on ne trouve plus étroite cohabitation entre le traditionnel et le moderne. Les grandes surfaces aseptisées côtoient des jardins décorés de façon étonnante, d'époustouflants gratte-ciel de verre contrastent avec des demeures miniatures, et les vélos croisent sans complexes les plus luxueuses limousines.

Berceau des temples zen et d'étonnantes fêtes rurales, le Japon est un pays ou l'on se perd, tout en se retrouvant dans un tourbillon de sensations.

Le paradis du saké, des sushis, des soupes miso, des nouilles et des baguettes a notamment enfanté le très célèbre réalisateur Akira Kurosawa. Depuis le début du xxe siècle, le Japon, terre exotique, sacrée et mythique, produit du whisky, aussi bien des assemblages que des cuvées particulières. Le whisky japonais est élaboré à partir de pur malt importé d'Écosse.

La marque la plus réputée
Yamazaki Pure Malt : savoureux, légèrement salé, avec une finale persistante et une note de fumé.

Les liqueurs

Les moines missionnaires et les différents ordres religieux d'Europe ont élaboré des liqueurs qui symbolisent le secret et le mysticisme. Le mot liqueur vient du latin signifiant «fondant». Les liqueurs sont généralement à base de vodka, de rhum ou de cognac. Elles doivent leurs parfums, leurs arômes et leurs flaveurs à l'adjonction d'herbes, d'épices, de sucre et de miel provenant de toutes les régions du monde. Plus une liqueur contient de sucre, meilleure elle est.

Il existe plus d'un millier de liqueurs. J'ai sélectionné les plus prisées et les plus connues. Des alcools à déguster secs, frappés ou mélangés à d'autres.

Advocaat

D'origine hollandaise, l'advocaat est une liqueur à base de brandy avec des jaunes d'œufs. De couleur jaune, elle est relativement épaisse. Elle entre dans la confection de cocktails comme le Snowball.

Amaretto

On dit de cette liqueur italienne parfumée à l'amande qu'elle fut offerte au XVIe siècle au peintre Bernantino Luini par une très belle femme.

Apfelkorn

C'est une liqueur d'origine allemande aux arômes de pomme.

Bailey's Irish Cream

Très prisée des femmes, cette liqueur chocolatée à base de whiskey irlandais ne date que des années 1970. Elle accompagne à merveille le café très chaud.

Bénédictine

Les initiales D.O.M. que portent les bouteilles signifient *Dio, optimo maximo*, c'est-à-dire « à Dieu le tout-puissant » en latin. C'est l'une des liqueurs les plus anciennes qui soient.

Chartreuse

Cette puissante liqueur d'origine française a été mise au point par les Chartreux vers 1600. À base de cognac, elle comprend aussi quelque 130 herbes et épices. La chartreuse existe en deux versions : verte et jaune.

Cointreau

D'origine française, cette liqueur d'orange incolore est de très grande qualité. Elle est utilisée dans la confection du Between the Sheets, parmi bien d'autres.

Crème de banane

C'est une liqueur de banane de couleur jaune.

Crème de cacao

Il existe deux sortes de crèmes de cacao: la blanche, aromatisée à la vanille; et la brune, aux notes de cacao.

Crème de cassis de Dijon

Cette liqueur de cassis d'origine française est une boisson saine, riche en vitamine C.

Crème de menthe

Une autre liqueur disponible en deux versions, la blanche et la verte, qui présentent toutes deux un goût de menthe.

Curaçao

Originaire de la lointaine île antillaise de Curaçao, cette liqueur se décline en trois couleurs: bleu, blanc et orange.

Drambuie

Si étonnant que cela puisse paraître, cette liqueur très racée à base de whisky est d'origine française. Aromatisée avec du miel de bruyère et différentes herbes, elle entre dans la composition du célèbre Rusty Nail. Drambuie signifie «la boisson qui satisfait».

Frangelico

Cette liqueur de noisette d'origine italienne très douce en bouche a une robe brune.

Galliano

Savoureuse, élégante et épicée : telle est cette liqueur jaune d'or d'origine italienne, qui présente de douces notes d'anis et de vanille.

Grand Marnier

Cette exquise liqueur française à base de cognac se décline en deux versions, rouge et jaune. Relativement puissante, elle évoque l'orange.

Kahlua

Le Kalhua est une boisson très, très mexicaine, épaisse, riche et savoureuse, aux arômes de café. Il entre dans la composition du B-52 et dans celle du célèbre café mexicain.

Liqueur d'abricot

On trouve sur le marché plusieurs variétés de liqueurs d'abricot d'excellente qualité.

Liqueur de cerise

La variante danoise commercialisée sous le nom de Heering est probablement la plus prisée. Elle se distingue par sa robe d'un beau rouge vif, son arôme corsé et son doux caractère de cerise.

Midori

Cette liqueur nous vient tout droit du Japon. Arborant une superbe robe verte, elle dégage des notes de melon. À déguster avec de la glace pilée et allongée de limonade ou de soda, garnie d'une rondelle de citron et d'une cerise confite.

Malibu

Originaire des Caraïbes, cette liqueur incolore à base de rhum et de noix de coco présente de douces flaveurs de coco.

Peach Tree

Les pêches n'ont jamais rien donné de meilleur que cette liqueur incolore venue de Hollande, puissante, présentant un goût de pêche très caractéristique.

Pisang Abon

Également d'origine hollandaise, cette liqueur à base de bananes arbore une très belle couleur verte.

Sambuca

C'est une liqueur italienne aux notes d'anis à boire très fraîche dans des shots.

Southern Comfort

Cette liqueur d'origine américaine à base de bourbon, aromatisée à la pêche, à l'orange et aux herbes, est brune de robe et douce en bouche.

Strega

Strega est un vieux mot italien signifiant « sorcière ». Il désigne une liqueur jaune très douce aromatisée aux herbes.

Tia Maria

Originaire de la Jamaïque, cette liqueur au café est à base de rhum. Sombre de robe, dotée de subtils arômes de café, elle sert à la confection du café jamaïcain.

Triple sec

Incolore, avec des arômes d'orange, le triple sec est un ersatz du Cointreau.

Index

Remerciements

Je voudrais exprimer ma profonde gratitude aux personnes et aux institutions suivantes : sans leur compréhension, leur patience et leur aide précieuse, cet ouvrage n'aurait jamais vu le jour.

Merci à Bacardi-Martini Norge AS, mes sponsors, et à Marius Vesterby, directeur marketing, qui a cru en mon projet dès sa conception.

Merci également à l'« Omnishop », au « Mediterranean » et au « Fish Kiss Bar and Restaurant » de Thessalonique, en Grèce.

Merci encore à l'établissement « Rafens and Howard » d'Oslo, qui a mis à notre disposition son matériel de bar, ainsi qu'aux très obligeants personnels des « Odeon Bar and Brasserie », « Nobilis Bar and Restaurant » et « Vivaldi Bar » de Trondheim, où ont eu lieu les séances de photo.

Ma reconnaissance va aussi aux photographes Dimitris Papadimitriou, G. T. Nygaard, Erik Burås et Stian Foss, venus à la rescousse avant le bouclage du livre. Vous êtes mes champions !

À Enes Tersic, mon talentueux infographiste et ami fidèle et dévoué : « Tu es un véritable complice et c'est pour cela que je t'aime bien. »

Je me dois de rendre hommage à mon éditeur, l'auteur Andy Evans, qui a magnifiquement peaufiné mon manuscrit.

Que soient également remerciés mes amis Aaron Natvig et Dimitris Vatzolas, qui m'ont soutenu dans des moments difficiles ; une mention spéciale à Karina, l'amie de Dimitris, qui, malgré sa grossesse, a gentiment accepté que je loge chez eux : « J'ai adoré nos discussions et nos dîners (malgré le mal de dos que m'a valu le fait de dormir sur un lit de fortune). » Tous mes vœux à vous deux et à votre petit garçon.

Je souhaite également exprimer ma gratitude à Stephane Beyls et Sissel Sandre, à Ross Barlow, Astrid Espseth, Jesper Håll et Skjalg Remme. Merci, surtout, à mon ami et associé Marco Valtancoli, qui plusieurs fois m'a tenu la tête hors de l'eau.

Merci enfin à mon Ailin chérie, qui a toujours voulu faire de moi quelqu'un de meilleur. Tu es une fille extraordinaire, ne l'oublie jamais. Je t'aimerai toujours.

L'auteur

Georgios Andritsos a commencé sa carrière dans le monde des cocktails en Grèce en 1987. Il a travaillé dans divers bars chic et branchés à Tenerife, en France, en Thaïlande et en Espagne. Désormais installé en Norvège, membre de la Norwegian and International Bartenders' Association, il a créé la société Essential Bartending, qui dispense des cours de bartending et qui a eu la charge de produire le film *Extraordinary Bartending,* sponsorisé par Beefeater. Le succès des cours de Georgios Andritsos lui a valu d'intervenir à la télévision en Suède et au Danemark dans le cadre de diverses émissions consacrées à l'art du cocktail.

Georgios a également une importante activité de consultation internationale en matière de bartending, de service au consommateur, de formation à la confection des cocktails et à l'art de la dégustation. Il est le propriétaire et directeur du « Sante Café » à Barcelone, un bar très branché sélectionné parmi 1000 autres bars du monde entier pour illustrer l'ouvrage *Bar Deco*.

Direction artistique

Enes Terzic a étudié l'infographie à l'école Mi de Trondheim, en Norvège. Travailleur à la pige, il a réalisé de nombreuses illustrations et bénéficie d'une grande expérience dans les domaines de la mode et du marketing. Il a travaillé pour un célèbre magazine norvégien, *Natt og Dag,* ainsi que sur d'autres projets comme des brochures et des cartes de restaurants et de cocktails, ou encore dans le cadre de festivals de musique.

Crédits photos

AGphotographer, Shutterstock : 205
alain couilland, Istockphoto : 206
Alex James Bramwell, Shutterstock : 228
Alexei Daniline, Shutterstock : 220
Bacardi-Martini Norge AS : 2, 20, 22, 23, 24, 60, 82, 112
Carlos sanchez pereyra, Shutterstock : 219
chai kian shin, Shutterstock : 235
claylib, Istockphoto : 214
Condor 36, Shutterstock : 198
Dan Petetz, Shutterstock : 167
Emin Kuliyev, Shutterstock : 16
Erik Burås : couverture, 20, 26 b, 28 bd, 32, 34, 35, 37, 45, 50, 64, 77, 78, 87, 89, 101, 111, 129, 152, 214
Ersler, Istockphoto : 134
Ersler, Istockphoto : 94
G.T. Nygaard : 12, 26 h, 27 g, 28 hg, 36, 44, 70, 99, 118, 121, 122, 126, 130, 139, 145, 150, 175, 187
Goncalo Veloso de Fiqueiredo, Shutterstock : 232
Hidesy, Istockphoto : 168
horst72, Istockphoto : 196
iofoto, Shutterstock : 19
iofoto, Shutterstock : 84
iofoto, Shutterstock : 8-9
Ivanmateey, Istockphoto : 172
Janos Gehring, Shutterstock : 202
Janos Gehring, Shutterstock : 236
Javarman, Shutterstock : 222
JoanVicent, Istockphoto : 188
Kenny Haner, Shutterstock : 156

Kevin Britland, Shutterstock : 176
Kone, Istockphoto : 160
Lincoln Rogers, Shutterstock : 231
Loooby, Istockphoto : 179
Maria Mikkelsen : 38, 48
Martin Nemec, Shutterstock : 227
Mexican cantina by Mike Cohen, Shutterstock : 216
Michelle Marsan, Shutterstock : 224
Natalia Sinjushina & Evgeniy Meyke, Shutterstock : 191
Norwegian fjord by Stelian Ion, Shutterstock : 195
pdtnc, Shutterstock : 210
Sandramo, Istockphoto : 142
Slyadnyev Oleksandr, Shutterstock : 4
spirita, Istockphoto : 219
Steve Rosset, Shutterstock : 41
Stian Foss : 81, 90, 93, 102, 107, 113, 132, 148, 159, 181
Stratol, Istockphoto : 58
Tomo Jesenicnik, Shutterstock : 201
Tonis Valig, Shutterstock : 6
UTurnPix, Istockphoto : 73
yurok, Shutterstock : 184
4755205975, Shutterstock : 41
6051186838, Shutterstock : 208

Retouche photo : Erik Burås

Traduction : Hanna Agostini
Réalisation de l'adaptation française : Agence Media
Directeur artistique : Enes Terzic
Réalisation : Anne Lisbeth Skarsbø

L'abus d'alcool est mauvais pour la santé.
À consommer avec modération.

**Catalogage avant publication de Bibliothèque et Archives
nationales du Québec et Bibliothèque et Archives Canada**

Andritsos, Georgios

   Cocktails : 111 recettes incontournables
   Traduction de : A little more than just drinks and cocktails.
   Comprend un index.
   ISBN 978-2-7619-2646-1
   I. Cocktails (Boissons). I. Titre.

TX951.A5214 2009   641.8'74   C2008-942586-3

Pour en savoir davantage sur nos publications,
visitez notre site : **www.edhomme.com**
Autres sites à visiter : www.edjour.com
www.presseslibres.com • www.edtypo.com
www.edvlb.com • www.edhexagone.com
www.edutilis.com

03-09

© 2009, Notabene Forlag pour l'édition originale

L'ouvrage original a été publié
sous le titre *A Little More Than Just Drinks and Cocktails*

Dépôt légal : 2009
Bibliothèque et Archives nationales du Québec

ISBN 978-2-7619-2646-1

DISTRIBUTEURS EXCLUSIFS :

• Pour le Canada et les États-Unis :
  MESSAGERIES ADP*
  2315, rue de la Province
  Longueuil, Québec J4G 1G4
  Tél. : 450 640-1237
  Télécopieur : 450 674-6237
  Internet : www.messageries-adp.com
  *filiale du Groupe Sogides inc.,
  filiale du Groupe Livre Quebecor Media inc.

Gouvernement du Québec – Programme de crédit
d'impôt pour l'édition de livres – Gestion SODEC –
www.sodec.gouv.qc.ca

L'Éditeur bénéficie du soutien de la Société de développement des entreprises culturelles du Québec pour
son programme d'édition.

Le Conseil des Arts du Canada
The Canada Council for the Arts

Nous remercions le Conseil des Arts du Canada de
l'aide accordée à notre programme de publication.

Nous reconnaissons l'aide financière du gouvernement
du Canada par l'entremise du Programme d'aide au
développement de l'industrie de l'édition (PADIÉ) pour
nos activités d'édition.

Achevé d'imprimer par L. Rex Printing Company Ltd
en Chine